Report on the Development of
Insurance Rule of Law in China

# 中国保险法治发展报告

周甲禄 文杰 ◆ 主编

长江出版社
CHANGJIANG PRESS

# 《中国保险法治发展报告》

**编撰单位**　湖北省法学会保险法学研究会

**学术顾问**　李玉泉　温世扬　肖永平

## 编委会

**主　　任**　周甲禄
**副 主 任**　樊启荣　夏学东　王者元　李良槐
**委　　员**　何韵铭　武亦文　文　杰　徐　冰　侯　伟
　　　　　　肖　曼　徐　勇　苟　浩　田建军　周　志
　　　　　　葛慧君　姜国斌　沈　翀

**主　　编**　周甲禄　文　杰
**撰 稿 人**　（以姓氏拼音为序）
　　　　　　葛慧君　侯　伟　姜国斌　江　楠　黎　珞
　　　　　　刘宇星　王冠华　王　卫　文　杰　杨国峰
　　　　　　占　舒　张晓萌　赵华华　周　志

# 前　言
Preface

保险是经济的"减震器"和社会的"稳定器"。保险业作为金融业的重要支柱，在经济社会发展中发挥着越来越重要的作用。保险制度堪称人类文明发展至此的良善制度之一。保险制度的确立、保险事业的发展以法制为基础和保障。新中国成立后，为适应当时保险业发展的需要，国家陆续制定了一些保险法规。例如，1951年公布的《财产强制保险条例》和《铁路旅客意外伤害强制保险条例》等。这些法规对规范保险行为、促进保险业的发展具有积极的意义。改革开放以来，我国保险业已取得长足发展。随着保险参与经济社会发展的范围越来越广，保险业态的不断创新发展，围绕该领域产生的各类纠纷愈加突出，保险法治建设的任务也越来越重。为加强对保险业的监管，推动保险业健康发展，1995年新中国第一部《保险法》颁布实施。此后，我国又出台了《保险公司管理规定》《保险专业代理机构监管规定》《保险经纪人监管规定》等一系列法律文件。同时，保险监管制度不断创新，司法保障保险业健康发展，保险机构日益加强自律管理，保险法学理论研究长足发展等等。可见，我国保险法治建设取得了巨大成绩。然而，令人遗憾的是，至今尚没有一部著作对我国保险法治建设成果进行系统梳理与总结。

2023年10月召开的中央金融工作会议上，习近平总书记发表重要讲话，强调金融是国民经济的血脉，是国家核心竞争力的重要组成部分，要加快建设金融强国，全面加强金融监管，完善金融体制，优化金融服务，防范化解风险，坚定不移走中国特色金融发展之路，推动我国金融高质量发展，为以中国式现代化全面推进强国建设、民族复兴伟业提供有力支撑。2024年7月党的二十届三中全会审议通过的《中共中央关于进一步全面深化改革　推进中国式现代化的决定》指出："积极发展科技金融、绿色金融、普惠金融、养老金融、数字金融，加强对重大战略、重点领域、薄弱环节的优质金融服务。"

在此背景下，湖北省法学会保险法学研究会发挥研究会理论界与实务界融通的优势，组织学界业界专家共同编撰了这部《中国保险法治发展报告》。该报告系统总结了我国保险法治建设的成功经验，特别是在保险法律体系建设、法学理论研究、监管制度创新、司法实践探索等方面取得的成绩，集中展现我国保险法治建设水平、理论研究水平和实绩，同时，也选择了一批典型保险案例，希冀为学界、司法界和业界提供参考。

# 目 录
Contents

## 第一章　中国特色保险法律体系日益完善 ... 001

### 一、保险业发展促进法治建设迈上快车道 ... 001
（一）新中国成立后至改革开放前保险业及保险立法概况 ... 001
（二）改革开放后保险业发展促进法治建设迈上快车道 ... 003

### 二、中国特色保险法律体系初步确立 ... 009
（一）《保险法》 ... 009
（二）保险行政法规 ... 016
（三）保险业部门规章 ... 018

### 三、保险业创新呼唤完善保险立法 ... 031
（一）保险法体系结构的一体化 ... 031
（二）增订新兴险种规范，适应保险商品多样化的趋势 ... 035
（三）完善互联网保险的监管规范 ... 036

## 第二章　保险监管制度不断创新 ... 039

### 一、保险监管体制不断优化 ... 039
（一）集中管理阶段 ... 039

（二）独立分业监管阶段 …………………………………… 040
（三）混业监管初试阶段 …………………………………… 042
（四）混业监管改革发展阶段 ……………………………… 043
二、保险监管机制不断创新 …………………………………… 045
（一）重视制度建设，不断夯实规范监管的长效机制 …… 045
（二）革新监管理念，不断完善多监管方式协同机制 …… 045
（三）公法私法并举，不断完善保险消费者权益保护
机制 …………………………………………………… 045
（四）引入利用新科技，不断推进监管与科技融合机制 … 047
（五）发挥保障功能，不断发展保险回应经济社会需求
机制 …………………………………………………… 048
三、依法履行保险行政执法及行政监督职能 ………………… 048
（一）注重完善相关法规，不断推动保险行政执法规范化、
制度化 ………………………………………………… 048
（二）依法履行行政监督职能，不断提高保险行政监督
法治化水平 …………………………………………… 049

## 第三章 司法保障保险业健康发展 ……………………………… 055
一、人民法院充分发挥审判职能 ……………………………… 055
（一）最高人民法院出台的涉保险司法解释与司法政策 … 055
（二）最高人民法院发布的涉保险典型案例 ……………… 063
（三）涉保险专门法院设立及保险类纠纷审判情况 ……… 081

（四）全国法院海上、通海水域保险合同纠纷案件审判
　　　　情况 ………………………………………………… 083
二、检察机关积极履行法律监督职责 …………………………… 086
　　（一）加大惩治和预防保险违法犯罪力度 ………………… 086
　　（二）高质效办理保险领域民事监督案件 ………………… 087
　　（三）积极推进与行政执法双向衔接机制 ………………… 088
　　（四）发挥公益诉讼检察职能服务保障保险高质量发展 … 089
三、公安机关打击违法犯罪行为 ………………………………… 090

# 第四章　保险机构加强自律管理 ……………………………… 091

一、加强组织机构建设 …………………………………………… 091
　　（一）保险行业自律组织建设的现状 ……………………… 091
　　（二）保险行业自律组织建设的强化 ……………………… 093
二、加强合规管理 ………………………………………………… 095
　　（一）构建保险公司合规管理的规范体系 ………………… 095
　　（二）建立"三道防线"的保险公司合规管理框架 ……… 096
　　（三）健全保险公司合规管理运行机制 …………………… 097
　　（四）强化保险公司合规保障机制 ………………………… 098
三、加强保险消费者权益保护 …………………………………… 099
　　（一）加强保险消费者权益保护的政策和立法概况 ……… 099
　　（二）保险公司加强对保险消费者权益的保护 …………… 101
　　（三）保险行业协会加强对保险消费者权益的保护 ……… 103

## 第五章　保险法学理论研究长足发展 ……………………… 105

### 一、保险法学研究概况 …………………………………… 105
（一）保险基本法颁布前的初期研究阶段（1980—1994年）
…………………………………………………………… 105
（二）保险法治发展的拓展研究阶段（1995—2008年）… 106
（三）保险法治发展的深化研究阶段（2009—2023年）… 109

### 二、保险法研究的理论创新 ……………………………… 113
（一）研究路径：法教义学与社科法学的双重进路 ……… 113
（二）研究范式：保险合同、保险监管与保险治理的
　　　三个维度 …………………………………………… 115
（三）研究方法：法解释学为主、其他方法为辅的跨学科
　　　分析方法 …………………………………………… 117

### 三、保险法学教育及人才培养 …………………………… 118
（一）保险法学教育及人才培养的早期 …………………… 118
（二）保险法学教育及人才培养的恢复期 ………………… 119
（三）保险法学教育及人才培养的发展期 ………………… 120
（四）保险法学教育及人才培养的繁荣期 ………………… 121

### 四、保险法学研究展望 …………………………………… 124
（一）保险法学自主知识体系的构建 ……………………… 124
（二）保险服务国家治理现代化的法治路径 ……………… 125
（三）保险科技对保险法的挑战及其应对 ………………… 125

## 第六章　保险法治的现代化 … 127

### 一、互联网时代技术赋能保险业创新 … 127
（一）互联网与数字保险的发展历程 … 127
（二）新兴技术在保险业中的实际运用 … 131

### 二、保险法治新思维 … 141
（一）我国网络与数字立法回顾 … 142
（二）互联网与数字保险面对的法治困境与挑战 … 146

## 第七章　保险法治的国际化 … 151

### 一、保险业的国际化 … 151
（一）保险业国际化的探索阶段（1978—1992年）… 151
（二）保险业国际化的试点阶段（1992—2001年）… 152
（三）保险业国际化的快速发展阶段（2001—2018年）… 152
（四）保险业国际化的全面发展阶段（2018年至今）… 153

### 二、保险法治国际化的趋势 … 155
（一）保险合同法国际化趋势 … 155
（二）保险业法国际化趋势 … 164

## 第八章　保险法治典型案例评析 … 166

### 一、财产保险法治典型案例 … 166
（一）为交通事故中无名氏死者所垫付的费用保险公司如何赔偿 … 166

（二）货物运输预约保险协议是否为保险合同关系 …………… 167

（三）车上人员下车后能否转化为"第三者" …………… 168

（四）不定值海上保险合同下如何认定保险价值 …………… 169

（五）责任保险中保险事故发生日的确定 …………… 171

二、人身保险法治典型案例 …………… 174

（一）保险合同约定保证续保条款的性质认定 …………… 174

（二）出险后被保险人报案前，投保人解除合同是否可拒赔 …………… 176

（三）保险合同隐性免责条款的认定 …………… 178

（四）体检报告是否能够认定投标人已知道其患有某种疾病 …………… 180

（五）两全保险中保险人代填投保书的法律后果 …………… 183

（六）两全保险中保险人未及时履行保险合同解除权的法律后果 …………… 184

# 附　录　中国保险法治大事记 …………… 186

# 后　记 …………… 196

# 第一章 中国特色保险法律体系日益完善

## 一、保险业发展促进法治建设迈上快车道

### （一）新中国成立后至改革开放前保险业及保险立法概况

新中国成立初期，人民政府在保险领域内的工作重点是改造旧保险市场，建立新中国的保险事业。人民政府对原官僚资本保险机构予以停业或予以监理。对于私营保险公司重新登记，经批准后方可复业，由此淘汰一批投机性保险机构，制止保险业内的投机行为。为了提高私营保险公司的经营能力，改变民族保险业在分保上对外商保险公司的依赖性，早在1949年7月上海市人民政府就鼓励华商私营保险公司自愿成立"民联分保交换处"，主要经办火险的分保业务，增强华商私营保险公司的承保能力。人民政府对外商保险公司采取限制和利用并重的政策，即允许其继续营业，对其业务范围和经营活动实施必要的限制和监管。

1949年8月，中共中央在上海召开财经会议。中国人民银行各大区分行的负责人认真分析我国保险业的现状，普遍认为对全国保险事业进行集中领导和统一管理十分必要，设立全国性保险公司的条件已经成熟，建议设立中国人民保险公司。1949年9月25日至10月6日，中国人民银行总行在北京召开第一次全国保险工作会议。会议通过了《中国人民保险公司条例草案》《中国人民保险公司章程草案》，认为国营中国人民保险公司是新中国的国家金融机构，是国营企业的一

部分。1949年10月20日，中国人民保险公司在北京西交民巷108号正式成立。它的成立，标志着新中国国家保险事业的诞生。截至1950年5月，我国保险公司保费收入的比例为国营公司占70%，民营公司占8%，外商公司占22%，标志着国营公司领导地位的确定。[1]

1953年，我国开始对农业、手工业和资本主义工商业进行生产资料所有制的社会主义改造。1955年，在社会主义改造即将完成时，由于经济理论上把全民所有制之间的交换视为产品交换，因而认为国营企业的财产保险是"倒口袋"，遂停办铁路、粮食、地质、邮电、水利和交通6个系统的财产和铁路车辆、船舶的强制保险。同时也完全废除保险经纪人制度。1956年8月10日，我国保险界提前结束公私合营改造，国内市场上仅剩下中国人民保险公司。到1957年1月1日，中国人民保险公司在国内再保险市场也一统天下。

从1957年下半年开始，掀起以人民公社运动为代表的限制和取消商品生产的高潮。基于"公有制经济内部不存在商品货币关系"的理论，1958年10月，在西安召开的全国财贸工作会议通过的《关于农村人民公社财政管理问题的意见》提出："人民公社化以后，保险工作的作用已经消失，除国外业务必须继续办理外，国内业务应立即停办。"同年12月，在武汉召开的全国财政会议正式决定立即停办国内保险业务。1959年1月，中国人民保险公司召开第七次全国保险工作会议，贯彻落实国内保险业务停办的精神，并部署善后清理工作。从1959年起，全国的国内保险业务除上海、哈尔滨、广州、天津等地继续维持了一段时间外，其他地方全部停办。[2]中国人民银行国外业务管理局下设保险处，负责处理进出口保险业务，统一办理国际分

---

[1] 范健、王建文、张莉莉：《保险法》，法律出版社2017年版，第25页。
[2] 范健、王建文、张莉莉：《保险法》，法律出版社2017年版，第26、27页。

保业务和对外保险业务。1966年至1976年，受"左"的思潮影响，中国人民保险公司在停办国内保险业务的同时，国外保险业务和国际再保险业务也基本上处于停滞状态。中国人民保险公司此时已是"名存实亡"。[①]

这一时期的保险法首先表现为一些地方性法规，如1949年东北财政经济委员会制定的《公营企业投保火险简略办法》、上海市的《统一火险费率实施办法》等。全国性保险立法主要有：1949年12月23日，政务院财政经济委员会制定的《关于国营公营企业必须向中国人民保险公司进行保险的指示》；1951年2月3日，政务院通过的《关于实行新国家机关、国营企业、合作社财产强制保险及旅客强制保险的规定》；1951年4月24日，政务院财政经济委员会公布的6项保险条例，即《财产强制保险条例》《铁路车辆强制保险条例》《船舶强制保险条例》《铁路旅客意外伤害强制保险条例》《轮船旅客意外伤害强制保险条例》《飞机旅客意外伤害强制保险条例》；1953年6月20日，财政部发布的《关于财产强制保险投保范围的通知》；1957年4月6日，财政部发布的《公民财产自愿保险办法》。然而，随着中国人民保险公司国内业务的停办，保险法失去存在的基础，保险法治的发展处于停滞状态。

**（二）改革开放后保险业发展促进法治建设迈上快车道**

改革开放以来，中国保险业的发展大致经历了"恢复和准备""规范和试点""快速发展与入世承诺""完全开放"四个阶段。[②]保险业的发展也促进保险法治建设迈上快车道。

---

[①] 贾林青：《保险法》（第四版），中国人民大学出版社2011年版，第35页。

[②] 王绪瑾、王浩帆：《改革开放以来中国保险业发展的回顾与展望》，载《北京工商大学学报》（社会科学版）2020年第2期。

1. 恢复发展和开放准备阶段（1979—1991年）

1978年，党的十一届三中全会确立了改革开放的总方针。为积极响应党中央的号召，中国人民银行全国分行行长会议于1979年2月在北京召开，会议决定恢复开展保险业务。1979年4月25日，中国人民银行颁发《关于恢复国内保险业务和加强保险机构的通知》，就恢复国内保险业务和保险机构设置等问题向各省、市、自治区分行做出明确指示。同年11月19日，全国保险工作会议在北京召开，停办了20多年的国内保险业务正式恢复。[1] 国内财产保险业务于1980年恢复，人身保险业务于1982年恢复。保险公司数量从1980年的1家增加到1991年的4家，保费收入从1980年的4.6亿元增加到1991年的178.24亿元。[2]

随着国内保险业务的恢复，保险立法也受到了前所未有的重视。1981年12月13日，第五届全国人民代表大会第四次会议公布《经济合同法》，其中第25条和第46条对财产保险合同作了原则性的规定。1983年9月1日，国务院发布《财产保险合同条例》，共5章23条。第一章为总则，第二章为保险合同的订立、变更和转让，第三章为投保方的义务，第四章为保险方的赔偿责任，第五章为附则。《财产保险合同条例》是《经济合同法》第25条和第46条的实施细则，它是在总结我国财产保险业务的长期实践的基础上，参照国际通行的惯例而制定的，适应了当时现代化建设的需要。因此，它的公布和实施，为我国保险基本法律的制定奠定了基础，对于促进我国保险事业的发

---

[1] 中国保险学会《中国保险史》编审委员会：《中国保险史》，中国金融出版社1998年版。
[2] 王绪瑾、王浩帆：《改革开放以来中国保险业发展的回顾与展望》，载《北京工商大学学报》（社会科学版）2020年第2期。

展，具有十分重要的意义。①

1985年国务院颁布《保险企业管理暂行条例》，共6章24条。第一章为总则，第二章为保险企业的设立，第三章为中国人民保险公司，第四章为偿付能力和保险准备金，第五章为再保险，第六章为附则。《保险企业管理暂行条例》旨在通过法律规定，加强国家对保险业的管理，维护被保险人的利益，发挥保险的经济补偿作用，促进保险业的健康发展。按此条例，只要符合一定的规定和要求，经国家保险管理机关中国人民银行批准后，即可设立新的保险公司，这在一定程度上打破了以前中国人民保险公司垄断经营保险业务的局面。如果说我国《财产保险合同条例》相当于国外的保险契约法，那么可以将《保险企业管理暂行条例》看作国外的保险业监管法。它的颁布和实施，表明我国保险立法又向前迈了一大步。②

2. 规范发展和开放试点阶段（1992—2000年）

在该阶段，保险业务得以规范发展。保险公司数量不断增加，由1992年的5家增加到2000年的30家，保费收入从1992年的211.69亿元增加到2000年的1595.9亿元。保险代理公司、保险经纪公司和保险公估公司从无到有，分别增加到2000年的33家、8家和3家。③

保险业在这一阶段进行了对外开放的诸多尝试。1992年7月，中国人民银行颁布《上海外资保险机构暂行管理办法》，上海成为中国保险业对外开放的首个试点城市。同年10月，美国友邦保险公司

---

① 赵旭东主编：《改革开放40年法律制度变迁·商法卷》，厦门大学出版社2020年版，第322页。

② 赵旭东主编：《改革开放40年法律制度变迁·商法卷》，厦门大学出版社2020年版，第322页。

③ 王绪瑾、王浩帆：《改革开放以来中国保险业发展的回顾与展望》，载《北京工商大学学报》（社会科学版）2020年第2期。

获批正式在上海设立分公司，成为我国首家外资保险机构。1994 年 7 月，日本东京海上火灾保险株式会社在上海设立分公司，成为我国首家外资独资财险公司。1995 年以后，我国保险业对外开放试点进一步扩大至广州市、深圳市等。1996 年，加拿大宏利保险公司与中化集团财务有限责任公司合资设立了中宏人寿保险有限公司，成为我国首家合资寿险公司。截至 2000 年，我国共有外资保险公司 19 家，另外还有 111 家外资保险公司在中国设立了 200 多个代表处。①

为适应改革开放的保险市场，在总结我国保险实践经验的基础上，1995 年 6 月 30 日，第八届全国人民代表大会常务委员会第十四次会议通过《保险法》，并于同年 10 月 1 日起施行。

1998 年 11 月 18 日中国保险监督管理委员会（以下简称"保监会"）正式成立，整顿全国的保险市场成为保监会的工作重点。2000 年，保监会为加强对保险公司的监督管理，维护保险市场的正常秩序，保护被保险人的合法权益，促进保险事业的健康发展，公布实施《保险公司管理规定》。

3. 快速发展和入世承诺阶段（2001—2017 年）

2001 年 11 月，我国正式加入世界贸易组织，国内开始放开外资非寿险、寿险、再保险、保险经纪公司的进入，通过在机构设立、业务范围、地域及业务许可等方面设置门槛对外资公司进行管控。多重因素推动国内保险业进入快速发展期：在保费收入方面，由 2109.4 亿元增长至 36581.01 亿元。保险公司数量方面，由 52 家增加至 2017 年的 219 家。其中，外资保险公司数量由 32 家增加至 2017 年的 57 家，包括外资财产保险公司、人身保险公司、再保险公司、资产管理公司

---

① 王绪瑾、王浩帆：《改革开放以来中国保险业发展的回顾与展望》，载《北京工商大学学报》（社会科学版）2020 年第 2 期。

22家、28家、6家和1家。[1]

为应对入世承诺，2002年我国首次修正《保险法》。2009年，为促进行业发展，我国又修订《保险法》。2014年，再次修正《保险法》。2015年，为配套行政许可改革，修正《保险法》。

2001年，国务院颁布《外资保险公司管理条例》，并在2013年、2016年进行两次修订。2006年，国务院颁布《机动车交通事故责任强制保险条例》，并于2012年3月、2012年12月、2016年2月进行三次修订。

2001年，保监会颁布《保险代理机构管理规定》《保险经纪公司管理规定》，第一次系统性确立保险中介法律制度。2004年，保监会颁布新的《保险代理机构管理规定》《保险经纪机构管理规定》。2009年，为适应保险中介市场改革要求，进一步完善保险中介机构监管制度，保监会颁布《保险专业代理机构监管规定》《保险经纪机构监管规定》，并于2013年、2015年进行两次修订。2009年，保监会颁布《保险公估机构监管规定》。2013年1月，保监会颁布《保险经纪从业人员、保险公估从业人员监管办法》。2013年9月，保监会修改《保险公估机构监管规定》。

2002年，保监会修订《保险公司管理规定》，并于2004年、2009年进行两次全面修改。2015年，保监会对《保险公司管理规定》进行修订。

2003年，保监会在认真总结监管经验以及借鉴国外相关法规的基础上，发布实施了《保险公司偿付能力额度及监管指标管理规定》。2008年，保监会公布实施《保险公司偿付能力管理规定》，同时废止

---

[1] 孙祁祥、郑伟：《中国保险业发展报告（2018）》，北京大学出版社2018年版，第3页。

《保险公司偿付能力额度及监管指标管理规定》。

2004年3月,保监会颁布《外资保险公司管理条例实施细则》。2004年4月,保监会颁布《保险资产管理公司管理暂行规定》。2004年12月,保监会颁布《保险保障基金管理办法》,标志着较为规范的保险保障基金制度已经建立。2008年,保监会会同财政部、中国人民银行修订《保险保障基金管理办法》。2011年,保监会对《保险资产管理公司管理暂行规定》进行调整。2015年,保监会颁布《互联网保险业务监管暂行办法》。

4. 完全开放阶段(2018年至今)

2018年5月,中央政府进一步加快金融业对外开放进程,保险业对外开放工作也全面展开。在具体措施方面,人身险公司合资企业外资的持股比例放宽到51%,3年后不再设限;允许符合条件的外国投资机构来中国经营保险代理与公估业务,并且在经营范围上,外资保险经纪公司可与中资机构一致;在2018年底前,完全取消外资保险公司设立前需开设2年代表处的要求。保险业监管机构也进行调整。2018年11月,成立中国银行保险监督管理委员会(以下简称"银保监会")。2023年3月,中共中央、国务院印发《党和国家机构改革方案》,规定在银保监会基础上组建国家金融监督管理总局,不再保留银保监会。2023年5月18日,国家金融监督管理总局正式揭牌。

2019年,国务院修订《外资保险公司管理条例》《机动车交通事故责任强制保险条例》。

2018年,保监会颁布《保险经纪人监管规定》《保险公估人监管规定》,原《保险经纪机构监管规定》《保险公估机构监管规定》《保险经纪从业人员、保险公估从业人员监管办法》废止。2020年,银保监会颁布《保险代理人监管规定》,原《保险专业代理机构监管规定》

废止。

2019年、2021年，银保监会两次修订《外资保险公司管理条例实施细则》。2020年，银保监会颁布《互联网保险业务监管办法》，原《互联网保险业务监管暂行办法》废止。2021年，银保监会颁布新的《保险公司偿付能力管理规定》，原《保险公司偿付能力管理规定》废止。2022年7月，银保监会颁布《保险资产管理公司管理规定》，原《保险资产管理公司管理暂行规定》废止。2022年10月，银保监会全面修订《保险保障基金管理办法》，原《保险保障基金管理办法》废止。2022年12月，银保监会颁布《银行保险机构消费者权益保护管理办法》。2023年9月，国家金融监督管理总局颁布《保险销售行为管理办法》。

## 二、中国特色保险法律体系初步确立

随着1995年《保险法》的颁布和实施，相关配套的法规规章也随之出台。经过多年的发展，逐步形成以《保险法》为主体，以行政法规、部门规章为辅助的保险法律体系，中国特色保险法律体系初步确立，为保险业的健康发展创造了良好的法制环境。

### （一）《保险法》

我国《保险法》自从1995年颁布和实施以来，对于规范保险活动，保护当事人的合法权益，加强对保险业的监管，促进保险业的健康发展，起到了十分重要的作用。这是新中国成立以来的第一部保险基本法，采用了国际上一些国家和地区集保险合同法、保险业法于一体的立法体例，形成了一部较为完整、系统的保险法律，共8章152条。第一章为总则，第二章为保险合同，第三章为保险公司，第四章为保险经营规则，第五章为保险业的监督管理，第六章为保险代理人和保险经纪人，第七章为法律责任，第八章为附则。该法的颁布和实施，为我国保险业的发展提供了全面的法律依据和法律保障，为建立具有中国特色的社会主义保险市场提供了法律环境。中国保险业，就此进入全面腾飞的时代。①

  2002年我国对《保险法》进行第一次修改。随着时间的推移，保险业发展的外部环境和内部结构都发生了深刻的变化。从外部环境来看，我国金融体制改革不断深化，市场机制的作用日益增强，尤其是加入世界贸易组织以后，我国对外开放的步伐进一步加快，对保险业对外接轨的要求进一步提高。从内部结构来看，我国保险业市场主体大量增加，业务规模迅速扩大，保险产品也日益丰富。1995年《保险法》的一些内容已经不适应我国保险市场及其监管的实际情况和客观需要，与我国加入世界贸易组织的一些承诺也有不一致的地方，一些条文已经不适应保险监管的状况，不符合加快保险业改革和发展的要求，因此，对1995年《保险法》的修改完善已势在必行。2002年10月28日，第九届全国人大常委会第十三次会议通过《关于修改〈中华人民共和国保险法〉的决定》，并于2003年1月1日起正式实施。此次修法体现了以下几方面的要求：一是履行加入世界贸易组织的承诺；二是加强对被保险人利益的保护；三是强化保险监管；四是支持保险业的改革和发展；五是促进保险业与国际接轨。

  关于履行加入世界贸易组织的承诺，主要体现在对法定再保险的修改上。根据我国加入世界贸易组织谈判协议对保险业的承诺，法定分保将逐步取消。这次修改删去了每笔非寿险业务都必须有20%的法定分保的规定，只是原则规定保险公司应当按照监管机构的有关规

---

① 陈继儒：《新编保险学》，立信会计出版社1996年版，第48页。

定办理再保险。

在保护被保险人利益方面，主要体现在为了切实建立保险保障基金，授权保险监管机构制定保险保障基金管理使用的具体办法；强化了保险公司对保险代理人的管理责任；对保险代理人的展业行为提出了明确的规范要求；规定了保险公司对被保险人的个人隐私负有保密义务；明确了人身保险的被保险人在获得保险赔偿后仍享有向侵权的第三人请求赔偿的权利；强调了人寿保险公司在被撤销或破产时，转让人寿保险合同及准备金，应当维护被保险人利益等。

修改内容中许多地方体现了加强监管的目的。一是突出了对保险公司偿付能力的监管，如：明确要求保险监管机构对保险公司最低偿付能力实施监控，建立健全偿付能力监管指标体系；要求保险公司必须聘用保险监管机构批准的精算专业人员，建立精算报告制度；授权保险监管机构制定更加完善的保险责任准备金的提取和结转办法；要求保险公司不得提供虚假的财务和业务报告等。二是增加规定了监管机构对保险公司在金融机构存款的查询权，强化监管机构的监管检查手段。三是增加了对保险违法行为处罚的措施，加大了惩治力度等。

支持保险业的改革与发展主要体现在以下几个方面：一是改变了以往保险条款费率由监管部门制定的做法，规定保险条款费率由保险公司制定，其中关系社会公众利益、实行强制保险和新开发的人寿保险等的条款费率应当报监管机构审批，其他的报监管机构备案，同时授权监管机构制定审批备案的具体办法。二是关于财产保险公司的业务范围，允许非寿险公司在经监管机构核定后，经营意外伤害保险和短期健康保险业务。三是为了发挥机构代理人的优势，规定个人代理人只能代理一家保险公司办理人寿保险业务，而不限制机构代理人代理保险公司的数量。

在这次修法中，关于保险公司的经营范围、保险条款费率的制定、要求监管机构建立健全偿付能力监管指标体系、要求保险公司建立精算报告制度等诸多方面均参考了国际通行的做法，为加快我国保险业与国际接轨的步伐创造了条件。①

本次修法是《保险法》于1995年颁布实施以来的第一次修订，是我国保险法制建设向前迈进的重要一步。它体现了全国金融工作会议确定的保险业改革与发展的一系列重要方针政策，对深化保险体制改革、加强和改善保险监管、推进保险市场化进程、加快我国保险业与国际接轨的步伐都产生深远的影响。但是，从总体来看，本次修法的重点在于与世界贸易组织规则不一致的保险业法部分，仅在总则一处修改涉及了保险合同法的内容，强调了保险活动当事人应当遵循诚实信用原则，并未充分体现保险合同的特殊性，对于被保险人利益的保护明显存在不足，也未将实践中新增的保险险种法律化。因此，此次修法在一定意义上是消极的、被动的。②

2009年我国对《保险法》进行第二次修改。随着我国保险业的快速发展，2002年修订的《保险法》已不能完全适应保险业改革发展的需要，有必要对其进行修订和完善，进一步规范保险公司的经营行为，加强对被保险人利益的保护，完善保险监管机构对保险市场的监管，有效防范和化解保险业风险，促进保险业持续、稳定、健康发展。2009年2月28日第十一届全国人民代表大会常务委员会第七次会议通过了《关于修订〈中华人民共和国保险法〉的决定》，并于2009

---

① 徐晓：《新〈保险法〉体现了加强监管——本报记者就〈保险法〉修改专访中国保监会主席吴定富》，载《中国保险报》2002年10月30日。

② 赵广道：《我眼中的中国〈保险法〉20年——专访中南财经政法大学法学院教授樊启荣》，载《中国保险报》2015年10月16日。

年 10 月 1 日起施行。在这次修订中，总体指导思想是贯彻落实科学发展观，规范保险经营行为，加强改善保险监管，防范金融风险，加强行业诚信建设，切实保护被保险人利益，促进行业健康发展，为构建社会主义和谐社会服务。本次《保险法》修订是全面性的修改。就章节而言，原《保险法》共 8 章，修订后的《保险法》仍为 8 章，但是第五章和第六章的顺序作了调整，将第五章规定为保险代理人和保险经纪人，第六章规定为保险业监督管理；第二章中第二节和第三节的顺序也作了调整，将第二节规定为人身保险合同，第三节规定为财产保险合同。就条文而言，原《保险法》共 158 条，修订后的《保险法》共 187 条。具体而言，本次修订在原《保险法》基础上增加了 49 个条文，删除了 20 个条文，修改了 123 个条文，保持不变的条文仅有 15 个。[①]此次修订吸收了自党的十六大以来，我国保险业在改革发展过程中积累的宝贵经验，针对行业发展和保险监管作出许多新规定，进一步完善了商业保险的基本行为规范和国家保险监管制度的主体框架，对于促进保险行业健康发展具有重要的意义。

在这次修订中，保险合同方面的修改主要体现在以下几个方面：第一，重点加强了对被保险人利益的保护。明确规范保险人理赔的程序和时限；限制保险人合同解除权，增设保险合同不可抗辩规则；规范格式条款，保护保险消费者利益；规定保险标的转让时，财产保险合同效力的承继和延续。第二，在人身保险中规定了对被保险人利益的特别保护。例如，规定在受益人故意造成被保险人死亡、伤残或者疾病时，实施非法行为的受益人丧失受益权，但保险人并不因此免除保险责任，被保险人的利益仍然受到保护。

---

① 杨华柏：《我国新〈保险法〉的主要变化》，载《保险法律评论》2010 年第 1 集，法律出版社 2010 年版，第 4 页。

保险监管方面的修改主要体现在以下几个方面：第一，加强监管力度。保险公司的质量直接涉及广大投保人、被保险人和受益人的利益。本次修订进一步严格保险市场的准入条件，增加了对主要股东资质的要求；强化了对保险公司实缴货币资本的要求；将保险公司的董事和监事也纳入任职资格管理范畴，要求其必须具备任职的专业知识和业务工作经验；授权保险监督管理机构可以根据监管需要增设准入条件。第二，拓宽保险公司业务范围。保险公司的业务范围不再局限于财产保险、人身保险和再保险，为了适应现实需要，规定保险公司可以从事国务院保险监管机构批准的与保险有关的其他业务。第三，拓宽保险资金运用渠道，明确规定了已经允许投资的新增渠道，如股票、证券投资基金份额等有价证券，增加了保险资金可以投资于不动产。此外，还明确了保险资产管理公司的法律地位。第四，加强偿付能力监管。明确了以风险为基础的偿付能力监管机制，保险监督管理机构应当通过对保险公司偿付能力的监管，了解保险公司的财务状况，及时提醒偿付能力不足的保险公司采取积极有效的措施恢复偿付能力，以切实保障被保险人的利益，规定了对偿付能力不足的保险公司，国务院保险监督管理机构应当将其列为重点监管对象，并可以根据具体情况采取不同的监管措施。第五，加强保险监管机构的职权范围。根据保险监督管理的实践经验及国家有关部门职责分工的规定，增加了保险监督管理机构的执法手段和监管措施，不仅赋予了其对保险机构的现场检查权，还赋予了其对被调查事件有关的单位和个人的调查权；除了保留原来享有的对相关银行账户的查询权外，还增加了在特定情形下封存相关资料，以及申请人民法院冻结或者查封的权力。第六，深化保险行业自律管理。对于保险行业协会法律地位和性质、会员制度等作出原则性的规定，促进保险行业协会的发展，有利于增强其发挥行业自律与服务功能。

2014年我国对《保险法》进行第三次修改。2013年6月至2014年6月，保监会对《保险法》实施情况进行了全面、系统的评估，深入分析了反映突出的问题，并重点论证了《保险法》修改方案。2014年7月初启动《保险法》修改工作。2014年8月13日，第十二届全国人大常委会第十次会议通过了关于修改保险法等法律的决定，修改《保险法》以下两处：第一，将第八十二条中的"有《中华人民共和国公司法》第一百四十七条规定的情形"修改为"有《中华人民共和国公司法》第一百四十六条规定的情形"。第二，将第八十五条修改为："保险公司应当聘用专业人员，建立精算报告制度和合规报告制度。"此次修改的幅度不大。2014年8月，国务院出台《关于加快发展现代保险服务业的若干意见》，在完善多层次社会保障体系、完善社会治理体系、提高灾害救助参与度、创新支农惠农方式等方面做了重要部署。至此，我国保险业发展进入一个新的阶段。[1]

2015年我国对《保险法》进行第四次修改。此次修改是保险业适应社会经济发展和全面推进保险法治建设的客观需要，也是贯彻落实新"国十条"，推动保险业深化改革，加快发展现代保险服务业的制度基础和必然要求。国家把保险业提到了国家现代经济的重要产业和风险管理基本手段的高度，但保险业的发展现状尚未完全适应全面深化改革和社会经济发展的需要，要完善保险法律制度体系，确保改革创新措施在法治原则下运行。2015年4月24日，第十二届全国人大常委会第十四次会议通过了修改《保险法》等法律的决定。此次《保险法》修正案共13个条款，强调简政放权，取消了保险销售从业人员、

---

[1] 马向东：《试论我国〈保险法〉四次修正对我国保险业的修正作用》，载《上海保险》2015年第11期。

保险代理、保险经纪等从业人员的资格核准等行政审批事项；对保险业的经营规则、监督管理、法律责任等方面进行修改，完善对保险消费者的保护，加大对保险违法行为的打击力度，强化监管措施。

## （二）保险行政法规

### 1.《外资保险公司管理条例》

2001年，为履行中国加入世界贸易组织承诺，国务院制定颁布《外资保险公司管理条例》，以国内法规形式落实国际义务。《外资保险公司管理条例》共六章，主要对外资保险公司的设立与登记、业务范围、监督管理、终止与清算、法律责任进行规定。《外资保险公司管理条例》的颁布实施，对于推动保险业对外开放，加强和完善对外资保险公司的监督管理，促进保险业健康发展，发挥了积极作用。

2013年，国务院第一次修订《外资保险公司管理条例》，作如下修改：将第七条第一款修改为"合资保险公司、独资保险公司的注册资本最低限额为2亿元人民币或者等值的自由兑换货币；其注册资本最低限额必须为实缴货币资本"。第二款修改为"外国保险公司分公司应当由其总公司无偿拨给不少于2亿元人民币或者等值的自由兑换货币的营运资金"。

2016年，国务院第二次修订《外资保险公司管理条例》，将第二十条第一款修改为"除经中国保监会批准外，外资保险公司不得与其关联企业进行资产买卖或者其他交易"。

2019年，国务院第三次修订《外资保险公司管理条例》，以深化开放力促我国保险业高质量发展。我国高度重视对外开放工作，明确将"开放"列为五大发展理念之一，强调改善投资和市场环境，加快对外开放步伐，积极稳妥推动金融业对外开放。本次《外资保险公司管理条例》内容的修订，主要体现在以下三个方面：第一，允许外国保险集团公司在中国境内投资设立外资保险公司。按照原有规定，此前外国保险公司在华设立保险类机构，发起方需为外国保险集团旗下的同类型子公司。而此次《外资保险公司管理条例》中将发起设立方放宽至外国保险集团公司，意味着政策较大程度地放宽了外资准入条件。因为相比旗下产险与寿险子公司，外国保险集团公司更容易满足政策规定的在华设立保险公司的相关要求。第二，取消申请设立外资保险公司的外国保险公司应当"经营保险业务 30 年以上"和"在中国境内已经设立代表机构 2 年以上"的条件。按照原有规定，此前外国保险公司在华设立保险类机构，须符合"5、3、2"规定，即：提出申请前一年年末总资产应不少于 50 亿美元，需经营保险业务 30 年以上，设立代表机构需连续 2 年以上。而此次《外资保险公司管理条例》中内容的修订较大地松绑了准入条件，取消了原要求中"3、2"的规定，便于吸引更多外国保险公司来华投资设立保险机构。同时，从国际上看，我国删除"30 年"的要求能促进其他司法管辖区删除对我国的类似要求，便于我国保险公司（绝大部分经营未满 30 年）开拓这些市场。第三，允许境外金融机构入股外资保险公司。允许境外金融机构入股外资保险公司意味着，境外金融机构继申请在华保险牌照和参股中资保险公司之外，再添一个进入中国市场的选择。这将进一步丰富外资保险公司的股东类型，激发市场活力，促进保险业高质量发展。

2.《机动车交通事故责任强制保险条例》

随着我国经济社会快速发展，机动车、驾驶员数量以及道路交通流量大幅增加，道路交通压力日益增长，道路交通安全成为全社会关注的突出问题之一。2006 年，国务院颁布《机动车交通事故责任强制保险条例》，以保障机动车道路交通事故受害人依法得到赔偿，促进道路交通安全。机动车交通事故责任强制保险成为我国第一个通过立法予以强制实施的机动车保险险种。《机动车交通事故责任强制保险条例》共五章，主要对机动车交通事故责任强制保险的投保、赔偿、罚则进行规定。

2012年3月，国务院第一次修订《机动车交通事故责任强制保险条例》，将第五条第一款修改为："保险公司经保监会批准，可以从事机动车交通事故责任强制保险业务。"

2012年12月，国务院第二次修订《机动车交通事故责任强制保险条例》，增加一条作为第四十三条："挂车不投保机动车交通事故责任强制保险。发生道路交通事故造成人身伤亡、财产损失的，由牵引车投保的保险公司在机动车交通事故责任强制保险责任限额范围内予以赔偿；不足的部分，由牵引车方和挂车方依照法律规定承担赔偿责任。"

2016年，国务院第三次修订《机动车交通事故责任强制保险条例》。此次修订的内容如下：删去第五条第一款中的"经保监会批准"。将第五条第三款中的"未经保监会批准"修改为"除保险公司外"。删去第十条中的"具备"和"资格"。将第三十六条中的"未经保监会批准"修改为"保险公司以外的单位或者个人"。删去第三十七条。

2019年，国务院第四次修订《机动车交通事故责任强制保险条例》。删去《机动车交通事故责任强制保险条例》第四条第一款中的"（以下称保监会）"。将第五条第二款、第六条、第七条、第八条、第九条、第十条第二款、第十一条第二款、第十二条第三款、第二十条、第二十三条第二款、第二十六条、第三十六条、第三十七条中的"保监会"修改为"国务院保险监督管理机构"。

**（三）保险业部门规章**

1.《保险公司管理规定》

2000年，保监会为加强对保险公司的监督管理，维护保险市场的正常秩序，保护被保险人的合法权益，促进保险事业的健康发展，公布实施《保险公司管理规定》。2002年，为履行我国加入世界贸易组织的对外承诺，保监会修订《保险公司管理规定》。2004年，保监会对《保险公司管理规定》进行全面系统的修改，总结四年来保险监管的经验，分别对保险机构、保险经营、保险条款和费率、保险资金和保险公司偿付能力、监督检查等五个保险监管的主要领域进行规定。在许多方面有较大的改革和突破，主要集中在保险机构设立、保险公司分支机构管理、向保险公司投资入股、保险机构变更事项审批、保险业务经营规则和条款费率管理等方面。

2009年，保监会在调查研究保险业发展情况的基础上，根据2009年《保险法》的修改，再次对《保险公司管理规定》作出系统全面的修改。此次修改的主要内容包括以下三个方面：一是提高准入门槛。在法人机构设立条件上，根据2009年《保险法》对保险公司法人机构股东的要求，明确设立保险公司，其股东必须符合法律、行政法规和保监会的规定。在分支机构设立条件上，除要求保险公司满足"上一年度偿付能力充足"以外，又提出了更高的要求。二是强化对保险公司分支机构的内部管控和外部监管。要求保险公司应当制定分支机构管理制度，强化上级机构对下级机构的管控；要求分支机构应当配备必要的人员、设备，负责人应当是签订劳动合同的正式员工。三是明确了对营销服务部的监管要求。将营销服务部纳入保险公司分支机构序列进行统一监管，要求应当符合《保险公司管理规定》对分支机构的日常监管要求。[①]

由于保险公司发展较快，机构管理日益复杂化和多样化，对提高

---

① 仝春建：《新修订〈保险公司管理规定〉10月实施》，载《中国保险报》2009年9月28日。

保险公司内部管控力度，确保其依法合规经营，维护投保人、被保险人和受益人合法权益提出更高的监管要求。2015年，保监会再次对《保险公司管理规定》进行修订，修订内容主要包括：删去第二十六条第二项，将该条第五项改为第四项，修改为："（四）变更营业场所"；将第七十四条修改为："保险公司在境外设立子公司、分支机构，应当经中国保监会批准；其设立条件和管理，由中国保监会另行规定。"

2.《保险公司偿付能力管理规定》

2003年，保监会在认真总结监管经验以及借鉴国外相关法规的基础上，发布实施了《保险公司偿付能力额度及监管指标管理规定》，包括总则、偿付能力额度、财产保险公司监管指标、人寿保险公司监管指标、偿付能力额度和监管指标的管理以及附则，共六个部分。该规定是我国保险业偿付能力监管制度框架建设的开端，标志着我国偿付能力监管迈出了实质性的步伐。

随着我国偿付能力监管水平的日益提高、保险业的快速发展和金融体制改革的不断深化，我国保险业已经站在了一个新的历史起点上。《保险公司偿付能力额度及监管指标管理规定》在很多方面已经不能适应保险业在新阶段的发展、改革、开放和监管的客观需要。2008年，保监会颁布实施《保险公司偿付能力管理规定》，《保险公司偿付能力额度及监管指标管理规定》废止。《保险公司偿付能力管理规定》包括总则、偿付能力评估、偿付能力报告、偿付能力管理、偿付能力监督和附则。首先，建立完整的偿付能力监管体系，将保险公司内部偿付能力管理和监管部门外部偿付能力监管有机结合。以保险公司内部的偿付能力管理作为保监会外部偿付能力监管的基础，构建了一个职责明确、统一协调、以公司偿付能力管理为内因、以保监会监管为外力的偿付能力监管体系。其次，吸收近几年我国偿付能力监管的经验教训，对偿付能力监管制度、机制方面的成果进行了总结。第35条规定保监会应当在每季度结束后，根据保险公司报送的偿付能力报告和其他资料对保险公司偿付能力进行分析；第37条规定保监会应当根据偿付能力充足率进行分类监管；第38条至第43条还明确了保监会及其派出机构在偿付能力监管中的具体职责。最后，在借鉴国际经验的基础上，首次建立与国际趋同的、以风险为基础的动态偿付能力监管体系，包括以风险为基础的偿付能力监管和动态的偿付能力监管。

2021年，银保监会公布新的《保险公司偿付能力管理规定》，原《保险公司偿付能力管理规定》废止。《保险公司偿付能力管理规定》吸收了"偿二代"建设实施的成果，将"偿二代"监管规则中原则性、框架性要求上升为部门规章，并进一步完善了监管措施，以提高其针对性和有效性，更好地督促和引导保险公司恢复偿付能力。《保险公司偿付能力管理规定》共6章，修订重点主要有如下五个方面：

一是明确偿付能力监管的三支柱框架。结合我国保险市场实际和国际金融监管改革发展趋势，将"偿二代"具有中国特色的定量资本要求、定性监管要求和市场约束机制构成的三支柱框架体系，上升为部门规章。第一支柱定量监管要求，即通过对保险公司提出量化资本要求，防范保险风险、市场风险、信用风险3类可资本化风险；第二支柱定性监管要求，即在第一支柱基础上，防范操作风险、战略风险、声誉风险和流动性风险4类难以资本化的风险；第三支柱市场约束机制，即在第一支柱和第二支柱基础上，通过公开信息披露、提高透明度等手段，发挥市场的监督约束作用，防范依靠常规监管工具难以防范的风险。三支柱相互联系，共同作用，构成保险业完整的偿付能力风险防范网。

二是完善偿付能力监管指标体系。根据三支柱监管框架体系，修订后的《保险公司偿付能力管理规定》将监管指标扩展为核心偿付能力充足率、综合偿付能力充足率、风险综合评级三个有机联系的指标。

三是强化保险公司偿付能力管理的主体责任。《保险公司偿付能力管理规定》通过要求保险公司建立健全偿付能力风险管理的组织架构，建立完备的偿付能力风险管理制度和机制，制定三年滚动资本规划等，进一步强化了保险公司偿付能力管理的主体责任。明确监管部门定期对保险公司的偿付能力风险管理能力进行监管评估，并要求保险公司根据评估结果计量控制风险的资本要求。将保险公司风险管理能力与资本要求相挂钩，有助于进一步强化保险公司偿付能力管理和风险防控的主体责任，激励和引导保险公司不断提升风险管理水平。

四是提升偿付能力信息透明度，进一步强化市场约束。《保险公司偿付能力管理规定》明确，银保监会应当定期披露保险业偿付能力总体状况和偿付能力监管工作情况；保险公司应当每季度披露偿付能力季度报告摘要，并在日常经营有关环节，向保险消费者、股东等披露和说明其偿付能力信息。

五是完善偿付能力监管措施。《保险公司偿付能力管理规定》明确，对于偿付能力不达标公司，银保监会应当根据保险公司的风险成因和风险程度，依法采取有针对性的监管措施，并将监管措施分为必须采取的措施和根据其风险成因选择采取的措施，以进一步强化偿付能力监管的刚性约束。在偿付能力监督检查方面，进一步强化偿付能力监管检查要求。建立偿付能力数据核查机制，明确核查重点，强化偿付能力现场检查。

3.《保险经纪人监管规定》

2001年，保监会颁布《保险经纪公司管理规定》。2004年，保监会出台《保险经纪机构管理规定》。2009年，保监会颁布《保险经纪机构监管规定》，并于2013年、2015年进行两次修订。2018年保监会颁布《保险经纪人监管规定》，原《保险经纪机构监管规定》《保险经纪从业人员、保险公估从业人员监管办法》废止。

针对保险中介市场清理整顿以来出现的新情况以及监管面临的新环境，《保险经纪人监管规定》对保险经纪人的市场准入、经营规则、市场退出、行业自律、监督检查、法律责任等方面进行更加全面和详细的规定。在市场准入退出方面，强化对保险经纪公司股东的审查，并对股东出资来源、法人治理和内控、信息系统等提出明确要求，规范了经纪机构高管人员任职要求。在维护投保人权益方面，要求保险经纪人向投保人提出保险建议的，应当根据客户的需求和风险承受能力等情况，推荐符合其利益的保险产品，并向投保人披露保险产品相关信息。在经营方面，允许经营全部保险经纪业务，也可以专门从事再保险经纪业务。同时，明确再保险经纪业务经营规则，要求按照保监会的规定开展互联网保险经纪业务。明确销售非保险金融产品须具备的法定条件。进一步规范解付保费和收取佣金行为。

4.《保险公估人监管规定》

2009年，保监会颁布《保险公估机构监管规定》。2013年1月，保监会颁布《保险经纪从业人员、保险公估从业人员监管办法》。2013年9月，保监会修改《保险公估机构监管规定》。2018年，保监会颁布《保险公估人监管规定》，原《保险公估机构监管规定》废止。

《保险公估人监管规定》在《保险公估机构监管规定》《保险经纪从业人员、保险公估从业人员监管办法》的基础上，针对市场出现的新情况以及监管面临的新环境，完善相关制度。

一是规定经营条件。落实《资产评估法》对于机构设立的形式要求，明确保险公估机构应当以公司或合伙形式设立，并对股东和合伙人中公估师比例、机构中公估师最低数量提出要求。将保险公估机构划分为全国性保险公估机构和区域性保险公估机构。以负面清单形式强化对保险公估机构股东、合伙人违法违规及诚信情况的审查。规定保险公估人经营保险公估业务，应当在领取营业执照后在规定时间内向保监会及其派出机构备案，保险公估人在备案公告前不得开展保险公估业务。从保险公估经营实际考虑，要求其具备一定金额的营运资金并实行托管。

二是加强事中事后监管。要求已完成备案的保险公估机构持续符合《资产评估法》及《保险公估人监管规定》有关要求，实行保险公估机构年度报告制度。优化分支机构管理，切实防止内控差、风险隐患大的保险公估机构滥设分支机构。强化保险公估机构的管控责任，要求其对有风险隐患的分支机构采取整改、停业、撤销等措施。承接《保险经纪从业人员、保险公估从业人员监管办法》中从业人员管理有关规定，引入执业登记管理，明确保险公估人是执业登记的责任主体，应当为其从业人员进行执业登记。明确保监会派出机构属地监管责任，强化行为监管，守住不发生系统性风险的底线。

三是规范市场经营秩序。对保险公估人及其从业人员的从业禁止行为作出明确规定，加大对出具虚假公估报告的处罚力度。保护委托人和其他相关当事人信息安全。规范公估程序，要求保险公估人对其受理的保险公估业务应当指定至少2名保险公估从业人员承办，保险公估报告应当由至少2名承办该项业务的从业人员签名并加盖公估机构印章。完善风险防范流程，要求保险公估人根据业务需要建立职业风险基金或者自愿办理职业责任保险，并对职业风险基金缴存比例、职业责任保险投保额度等作出细化要求。

四是新增行业自律。要求保险中介行业自律组织依法制定自律规则，对保险公估人和保险公估从业人员实行自律管理，并参照《资产评估法》规定了行业自律组织的职责范围。规定保险公估人和保险公估从业人员自愿加入保险中介行业自律组织。

5.《保险代理人监管规定》

2001年，保监会颁布《保险代理机构管理规定》。2004年，保监会全面修改《保险代理机构管理规定》。2009年，为适应保险中介市场改革要求，进一步完善保险中介机构监管制度，保监会颁布《保险专业代理机构监管规定》，并于2013年、2015年进行两次修订。2020年银保监会颁布《保险代理人监管规定》，原《保险专业代理机构监管规定》废止。

《保险代理人监管规定》主要从以下四个方面进行规范：一是理顺法律关系，根据《保险法》对保险代理人的定义，将保险专业代理机构、保险兼业代理机构和个人保险代理人纳入同一部门规章中规范调整，与《保险法》保持一致。二是统一适用规则，对各类保险代理人在经营规则、市场退出和法律责任等方面建立相对统一的基本监管标准和规则，进一步维护市场公平。三是强化事中事后监管，理顺"先照后证"的流程，完善准入退出管理。四是强化保险机构主体责任，优化分支机构管理，强化机构自我管控。

《保险代理人监管规定》的出台标志着以《保险代理人监管规定》《保险经纪人监管规定》《保险公估人监管规定》三部规章共同构建的保险中介制度框架基本建立完成，形成以《保险法》为统领、三部规章为主干、多个规范性文件为支撑的科学监管制度体系。

6.《保险保障基金管理办法》

2004年，保监会发布《保险保障基金管理办法》，标志着较为规范的保险保障基金制度开始建立。2008年，保监会会同财政部、中国人民银行修订《保险保障基金管理办法》，形成较为完善的内部管理与外部监管相结合的保险保障基金管理体制。2022年，银保监会会同财政部、中国人民银行再次修订《保险保障基金管理办法》。

2022年修订的《保险保障基金管理办法》共七章，分别为总则、保险保障基金公司、保险保障基金的筹集、保险保障基金的使用、监督和管理、法律责任和附则。修订的主要内容如下：

一是修改了保险保障基金筹集条款。将保险保障基金固定费率制调整为风险导向费率制，明确保险保障基金费率由基准费率和风险差别费率构成，费率的确定和调整由银保监会提出方案，商有关部门并报经国务院批准后执行；调整保险保障基金暂停缴纳上限，将财产保险公司、人身保险公司的暂停缴纳上限分别由占公司总资产的6%、1%调整为占行业总资产的6%、1%。

二是明确保险保障基金相关财务要求。要求保险保障基金公司和保险保障基金各自作为独立会计主体进行核算，严格分离；延续保险保障基金公司对财产保险和人身保险基金分账管理、分别使用等规定；进一步允许财产保险和人身保险保障基金之间可相互拆借，具体拆借期限、利率及适用原则报经银保监会批准后施行。

三是优化保险保障基金的使用管理。丰富动用保险保障基金情形，增加"国务院批准的其他情形"；赋予保险保障基金公司"参与风险处置方案和使用办法的拟定"的权利；新增"保险公司在获得保险保障基金支持期限内，国务院保险监督管理机构视情依法对其采取限制高级管理人员薪酬、限制向股东分红等必要监管措施"的表述。

四是完善保险保障基金的救助规定。界定保单利益的范围；明确短期健康保险、短期意外伤害保险适用于财产保险同样的救助规定；

对于人寿保险合同外的长期健康保险、长期意外伤害保险等其他长期人身保险合同，规定其救助方式依照法律、行政法规和国务院有关规定办理，救助标准按照人寿保险合同执行；在现行办法基础上，明确另行制定人寿保险合同中投资成分等的具体救助办法；新增"保险保障基金公司救助保单持有人保单利益后，即在偿付金范围内取得该保单持有人对保险公司等同于赔偿或者给付保险金清偿顺序的债权"的表述，进一步明确债权转移关系；明确自保公司经营的保险业务不属于保险保障基金的救助范围，不缴纳保险保障基金；对保险公司被撤销或者破产负有责任的实际控制人、监事和相关管理人员在该保险公司持有的保单利益不予救助。

五是加强保险保障基金相关监督管理。明确保险公司被处置并使用保险保障基金时，其股东、实际控制人、董事、监事、高级管理人员及相关管理人员负有报告、说明、配合有关工作等应尽义务，如上述人员未履行相关义务，由银保监会依法采取监管措施；对未及时缴纳保险保障基金的保险公司及人员，赋予保险保障基金公司进行公示的权利等。

### 7. 其他保险业部门规章

2004年4月，保监会颁布《保险资产管理公司管理暂行规定》。2011年，为防范资金运用风险，促进资产管理业务发展，保监会对《保险资产管理公司管理暂行规定》进行调整。2022年7月，银保监会颁布《保险资产管理公司管理规定》，原《保险资产管理公司管理暂行规定》废止。《保险资产管理公司管理规定》共计7章85条，主要内容有：一是新增公司治理专门章节。结合近年来监管实践，从总体要求、股东义务、激励约束机制、股东会及董监事会运作、专业委员会设置、独立董事制度、首席风险管理执行官、高管兼职等方面明确了要求，提升保险资产管理公司独立性，全面强化公司治理监管的制度约束。二是将风险管理作为专门章节，从风险管理体系、风险管理要求、内控审计、子公司风险管理、关联交易管理、从业人员管理、风险准备金、应急管理等方面进行全面增补，着力增强保险资产管理公司风险管理能力，切实维护保险资金等长期资金安全。三是优化股权结构设计。落实国务院金融委扩大对外开放决策部署，对保险资产管理公司的境内外保险公司股东一视同仁，取消外资持股比例上限。此外，对所有类型股东明确和设定了统一适用的条件，严格对非金融企业股东的管理。四是优化经营原则及相关要求。细化保险资产管理公司的业务范围，增加受托管理各类资金的基本原则，明确要求建立托管机制，完善资产独立性和禁止债务抵销表述，严禁开展通道业务，并对销售管理、审慎经营等作了规定。五是增补监管手段和违规约束。增补了分级监管、信息披露、重大事项报告等内容，丰富了监督检查方式方法和监管措施，增加了违规档案记录、专业机构违规责任、财务状况监控和自律管理等内容。

2004年5月，保监会根据《保险法》和《外资保险公司管理条例》，制定颁布《外资保险公司管理条例实施细则》。2019年、2021年，银保监会两次修订《外资保险公司管理条例实施细则》。2021年《外资保险公司管理条例实施细则》修改的主要内容有：一是明确外国保险集团公司和境外金融机构准入条件。参照外国保险公司的准入标准设定外国保险集团公司的准入条件。保险公司和保险集团公司以外的境外金融机构成为外资保险公司股东的，适用《保险公司股权管理办法》相关规定。修改前，外资保险公司的外方股东仅限于外国保险公司。修改后，可以投资入股的外方股东增加为三类，即外国保险公司、外国保险集团公司以及其他境外金融机构。同时，为保证外资保险公司的专业优势，进一步规定外资保险公司的外方唯一或者主要股东应当为外国保险公司或者外国保险集团公司。允许符合条件的多元化主体持股外资保险公司，可以丰富外资保险公司的股东类型和资金来源，进一步激发市场活力。二是完善股东变更及准入要求。规定外资保险公司变更股东，拟受让方或者承继方为外国保险公司和外国保险集团公司的，应当符合《外资保险公司管理条例》及《外资保险公司管理条例实施细则》相关要求。三是保持制度一致性，取消外资股比的限制性规定。银保监会之前发文取消了合资寿险公司的外资比例限制，此次修改删除了《外资保险公司管理条例实施细则》中有关外资股比的限制性规定，外国保险公司或者外国保险集团公司作为外资保险公司股东，其持股比例可达100%。

2015年，保监会颁布《互联网保险业务监管暂行办法》。2020年，银保监会颁布《互联网保险业务监管办法》，原《互联网保险业务监管暂行办法》废止。《互联网保险业务监管办法》共5章83条，具体包括总则、基本业务规则、特别业务规则、监督管理和附则。重点规范内容有：厘清互联网保险业务本质，明确制度适用和衔接政策；规定互联网保险业务经营要求，强化持牌经营原则，定义持牌机构自营网络平台，规定持牌机构经营条件，明确非持牌机构禁止行为；规范保险营销宣传行为，规定管理要求和业务行为标准；全流程规范售后服务，改善消费体验；按经营主体分类监管，在规定"基本业务规则"的基础上，针对互联网保险公司、保险公司、保险中介机构、互联网企业代理保险业务，分别规定了"特别业务规则"；创新完善监管政策和制度措施，做好政策实施过渡安排。

2022年12月，银保监会颁布《银行保险机构消费者权益保护管理办法》。该办法共8章，主要内容包括：一是关于总体目标、机构范围、责任义务、监管主体和工作原则的规定，明确银行保险机构承担保护消费者合法权益的主体责任，消费者有诚实守信的义务。二是关于消费者权益保护体制机制，要求银行保险机构将消费者权益保护纳入公司治理、企业文化建设和经营发展战略，建立完善消费者权益保护审查、消费者适当性管理、合作机构管控、内部考核等工作机制，指导银行保险机构加强消费者权益保护体制机制建设，构筑全方位的消费者权益保护工作体系。三是规范银行保险机构经营行为，保护消费者八项基本权利。包括规范产品设计、信息披露和销售行为，禁止误导性宣传、强制捆绑搭售、不合理收费等行为，保护消费者知情权、自主选择权和公平交易权；规范客户身份识别、业务经营、核保理赔管理等，保护消费者财产安全权和依法求偿权；加强消费者教育宣传，提升服务质量，规范营销催收行为，保护消费者受教育权和受尊重权；规范个人信息的收集、使用、传输、外部合作等行为，保护消费者信息安全权。四是加强行业监督管理，对银保监会及其派出机构、各类银行业保险业行业协会、行业纠纷调解组织职责，以及相关监管措施和处罚事项等作出规定，严格行为监管要求，明确对同类业务、同类主体统一标准、统一裁量，依法打击侵害消费者权益乱象和行为。

2023年9月，国家金融监督管理总局颁布《保险销售行为管理办法》，共6章50条。将保险销售行为分为保险销售前行为、保险销售中行为和保险销售后行为三个阶段，区分不同阶段的特点，分别加以规制。就保险销售前行为管理而言，对保险公司、保险中介机构业务范围、信息化系统、条款术语、信息披露、产品分类分级、销售人员分级、销售宣传等进行规制。就保险销售中行为管理而言，要求保险公司、保险中介机构了解客户并适当销售，禁止强制搭售和默认勾选，在销售时告知身份、相关事项，提示责任减轻和免除说明等。就保险销售后行为管理而言,对保单送达、回访、长期险人员变更通知、人员变更后禁止行为、退保等提出要求。

### 三、保险业创新呼唤完善保险立法

随着信息化时代的到来,保险业出现一系列创新,包括保险产品的创新——绿色保险[①]和数据保险[②]开始崭露头角,保险销售模式的创新——互联网线上销售成为重要的销售渠道等。保险业创新呼唤完善保险立法。

#### (一)保险法体系结构的一体化

综观世界各国的保险法制发展史,在内容上经过了一个从私法到公法的发展过程,传统的保险法在学理上是商事法的一个重要组成部分,它是专门以保险合同关系为调整对象的商事法律,属于私法范畴,保险法在内容上即保险合同法。20世纪30年代以来,鉴于现代社会经济生活的深刻变化,国家干预主义逐渐取代自由放任主义,其对立法和法律发展产生的积极影响在于包括保险法在内的商法领域实行大规模的公法干预政策,"其典型的方式就是向传统商法输入刑法、社会法等与经济活动有关的公法性规范,而使商法自身具有了公法性特征"。丹尼斯·特伦在谈到这一法律发展过程时曾指出,在现代商事

---

① 2024年初,中国太保产险浙江丽水龙泉支公司继发行浙江省首单"竹林碳汇价格指数保险"后,再次探索创新,结合当地林木发展需求,签发了浙江省首单林木碳汇价格指数保险,以"保险+服务"的风险保障模式为固碳增汇撑起防护伞。参见王方琪:《发展绿色保险需要法治保障》,载《中国银行保险报》2024年3月21日。

② 2024年1月底,中国太平洋保险集团(601601.SH)旗下太平洋财产保险股份有限公司苏州分公司与中科智慧(苏州)科技有限公司签发全国首单数据要素流通安全保险,该保险整合了"数据安全风险减量服务"与"金融补偿服务",填补了传统保险在数字化风险保障方面的空白。

实践中，国家干预是通过在商法中切入公法性规则得以实现的，因此，商法是否自成体系的争论再也不能仅仅局限在私法范围之内，或仅仅局限它与民法之比较。① 公法对商法的侵入，在保险立法方面的表现就是"催育"保险业法的产生并推动其发展。这样，现代保险法在内容上具有二元性特点，也就是说现代保险法在内容上主要涉及两个方面：一是保险合同法，主要调整保险当事人之间的关系；二是保险业法，主要规定政府对保险公司的监督和管理关系。②

虽然世界上大多数国家和地区在保险业法上都是通过保险合同法和保险业法两大支柱来构筑保险法体系的，但是在立法体例上，有两种不同的立法组成模式：一是合并立法体例，即将保险合同法与保险业法合并在一个法典之中，统称为《保险法》；二是分别立法体例，即分别制定《保险合同法》与《保险业法》。采合并立法体例之典型代表，为美国加州的《保险法》。不过，受其影响者仅有菲律宾、中国大陆（1995年《保险法》）、中国台湾地区（1963年《保险法》）等；其他主要国家，尤其是大陆法系国家，如德国、法国、瑞士、日本等国，则基于保险合同法为私法性质、保险业法为公法性质，采保险合同法与保险业法分立的立法体例。

从我国保险法的沿革而论，在立法体例选择上经历了从分别立法转向合并立法的变迁历程。国务院于1983年和1985年颁行的《财产保险合同条例》与《保险企业管理暂行规定》仍沿袭了保险合同法与

---

① 中国人民大学法律系编：《外国民法论文选》（第二辑），中国人民大学出版社1986年版，第11页，转引自陈小君、樊启荣、高飞：《市场经济与中国保险法制的发展》，载《法商研究》1996年第2期。

② 陈小君、樊启荣、高飞：《市场经济与中国保险法制的发展》，载《法商研究》1996年第2期。

保险业法之分别立法体例，不过，1995年《保险法》制定时，则受我国台湾地区的影响，将两法合并。从立法背景而言，我国《保险法》于1995年制定之初，草案起草者之所以选择合并立法体例，并非出于理性，而是出于实用或便利；也就是说，采合并立法体例，在立法时只制定通过一部《保险法》，而不是《保险合同法》与《保险业法》两部法律，只需一次立法程序即可完成，易于被立法机关接受，有助于提高立法效率。[1]但从法理而论这并不科学，更有甚者，从实务而言，合并立法体例不但给法律适用与修正带来了困扰，而且形成了法律制度之间的相互干扰。

首先，"合并立法"体例在法理上并不科学。诚如我国台湾地区著名保险法学者林勋发教授所言："保险契约之规范与保险事业之监理，两者之性质截然不同。保险契约法系以规范当事人之权利义务为目的，属私法之范畴，重在权义之平衡与法之安定性；而保险业法则以赋予主管机关监督保险业之权限与准则为宗旨，具公法之性质，重在保险业之健全发展与法之适应性。"[2]一言以蔽之，"保险合同法与保险业法固均以促进保险业之稳定发展为其终极目标，唯其规范对象不同，其所持之原则因而有异"[3]。因此，"合并立法"体例在法理上不科学。

其次，采合并立法例，使得立法者在处理"保险合同分类"与"保险业务分类"这两类不同性质的问题时，相互牵制、彼此干扰。保险

---

[1] 李祝用：《保险法立法体例研究》，载《河北法学》2006年第12期。

[2] 林勋发：《保险法论著译作选集》，作者1991年自版，第3页，转引自樊启荣：《保险法诸问题与新展望》，北京大学出版社2015年版，第4页。

[3] 施文森：《保险法论文（第二集）》，三民书局1985年版，第55页，转引自樊启荣：《保险法诸问题与新展望》，北京大学出版社2015年版，第4页。

合同的分类所考量的重点，应当是如何将性质上相同者归为一类，以利于对保险合同的权利义务予以有效的规范；而保险业务分类所考量的重点，应是如何区隔业务范围，以便于对保险经营予以有效的监理。如果采分别立法的体制，则在保险合同法部分应当将保险合同区分为"损失填补保险"与"定额给付保险"；而在保险业法部分可区分为"财产保险业务"与"人身保险业务"。但是，囿于我国《保险法》采合并立法体制，在该法第二章保险合同中，放弃了损失填补保险与定额给付保险之分类，而采人身保险合同（第二节）与财产保险合同（第三节）的分类，以迁就财产保险与人身保险之业务分类。其结果顾此而失彼，给法律的理解与适用徒增诸多的争议与困扰。

最后，两法合并立法例给我国《保险法》的修改与完善制造了瓶颈，已是不争的事实。我国《保险法》于1995年制定之初，由于受"重保险监管立法，轻保险合同立法"之观念的影响，有关保险合同法的条文仅有区区60个条文（即第9条至第68条），实属"先天不足"，不足以发挥有效规范保险合同之功效。2002年进行《保险法》第一次修改时，以"履行我国加入WTO的承诺，强化保险监督管理"为理念，仅仅对保险业法部分作了修正，而对保险合同法部分根本未作出任何实质性的修改。鉴于上述状况，保监会于2004年12月又正式启动《保险法》第二次修改的工作，提出了以"保险合同法"与"保险业法"同时兼修的设想。但是，2008年底立法机关在审议修正案时，由于受国内汶川大地震、金融危机等国内外因素的影响，修改重点又向保险业法倾斜或偏移，全部条文数量从158条增加到187条，而有关保险合同的规定则从60条降至58条，所占比例从39%降至31%。虽然对保险合同法部分的诸多条文进行了"增、删、改"，但是仍属在已有的架构基础上小修小补，保险实务中早已存在的保证保险、信用保险、意外伤害保险、健康保险、团体人身保险等险种仍乏于规定、失所准据，滞后于保险业的发展，仍属"后天不良"。

总之，保险合同法与保险业法，二者同等重要，不可偏废；但"两法合并"的立法体例已在很大程度上成为我国修改和完善保险法的制约因素，未来修法时应当放弃两法合并体例，回归大陆法系之传统，采两法分立体制。

**（二）增订新兴险种规范，适应保险商品多样化的趋势**

根据我国《保险法》第95条的规定，保险公司的业务范围包括：（1）人身保险业务，包括人寿保险、健康保险、意外伤害保险等保险业务；（2）财产保险业务，包括财产损失保险、责任保险、信用保险、保证保险等保险业务；（3）国务院保险监督管理机构批准的与保险有关的其他业务。另外，保险人不得兼营人身保险业务和财产保险业务。但是，经营财产保险业务的保险公司经国务院保险监督管理机构批准，可以经营短期健康保险业务和意外伤害保险业务。保险公司应当在国务院保险监督管理机构批准的业务范围内从事保险经营活动。

然而，纵观《保险法》的所有条文，在财产保险产品类型中，传统的有形财产保险即财产损失保险占据主要地位，但属无形财产保险的责任保险之相关法律条文少之又少，债权利益保险等较为新兴的保险产品类型之相关法律条文仍为空白。在人身保险产品类型中，亦存在着类似的情况，法律条文仅仅涉及以生存和死亡为保险标的的人寿保险，属于传统类型的人身保险产品，而未对疾病健康保险、意外伤害保险等现代类型的人身保险产品加以具体规定。此种立法现状着实不利于我国保险业的健康快速发展。

由于经济发展迅速，保险业为适应社会需要，不断设计推出众多新险种。例如在绿色保险方面，环境污染责任险是我国绿色保险的主要险种。一些保险公司也开发出森林险、太阳能光伏组件长期质量险、绿色建筑性能责任险等新险种。在数据保险方面，保险公司推出数据要素流通安全综合保险、数据知识产权被侵权损失保险、数据资产保险、气象指数保险等产品。但是现行《保险法》对于此等险种的规范却付诸阙如，使得保险公司在经营现代新兴保险产品时无依无据。因此，在保险产品不断创新的今天，保险法也应当适时更新，增订新兴险种的规范，以适应保险商品多样化的趋势。

### （三）完善互联网保险的监管规范

在新技术革命浪潮的洗礼下，保险与网络信息技术深度融合，互联网保险应运而生。2013年，全国首家互联网保险公司成立，标志着保险产品销售正式迈入线上化时代。国务院于2014年8月出台的《关于加快发展现代保险服务业的若干意见》明确提出，支持保险公司积极运用网络、云计算、大数据、移动互联网等新技术促进保险业销售渠道和服务模式创新。这为互联网保险的发展提供了政策利好，保险业务量也在此背景下迅速增长。但互联网保险新类型并没有改变保险的本质，保险运行的法律风险并没有降低，其还带来了互联网技术具有的虚拟性、跨域性、及时性、涉众性等属性，传统风险与网络危险叠加，必然催生出新的法律问题。[1]

2015年，保监会颁布首个针对互联网保险的监管文件《互联网保险业务监管暂行办法》，我国互联网保险行业进入系统化监管的时代。2020年，银保监会颁布《互联网保险业务监管办法》，主要从互联网保险业务的本质、对第三方网络平台的行为规范、互联网保险业务营

---

[1] 池骋、何丽新：《互联网保险创新的法律规制探析》，载《金融法苑》2016年总第92辑。

销规范、售后服务的消费者权益保护等四个方面进行规范。

《互联网保险业务监管办法》的实施促使互联网保险行业更加规范。但现阶段我国互联网保险监管仍存在以下不足：一是消费者个人信息保护不完善。现阶段我国的法律、法规虽然有关于互联网保险中消费者个人信息保护的规定，但大部分的规定都以宣示性为主，没有真正落实到互联网保险个人信息保护的具体要求上。目前，我国互联网保险行业的监管主要依托于《互联网保险业务监管办法》。相较于其他规范性文件而言，它对互联网保险的规范更加完善，但关于个人信息保护的内容也只是做出了原则性的规定，并没有涉及具体要求，也没有涉及个人敏感信息保护政策的相关内容。这种缺乏实操性的法律规范并没有对消费者个人信息实现有效的保护。二是市场准入退出制度不健全。明确的市场准入退出标准是保证行业有序运行的前提条件，但现阶段我国在这方面的法律规定较少。目前，我国传统保险机构的准入条件为最低实缴资本2亿元，互联网保险机构准入的最低实缴资本要求却少于传统保险机构。互联网保险风险高于传统保险，准入条件却相对宽松，这种现象不利于互联网保险行业的健康发展。只设置针对注册资本的产业进入壁垒并不够严谨，运营企业的网络安全技术能力也是应当关注的要点。同时，对于经营者的征信等级等方面的要求同样也缺少法律上的规定。在退出制度方面，我国现有的关于互联网保险退市法律规定也十分有限，立法不健全会加大互联网保险监管难度。三是纠纷解决途径单一。目前我国互联网保险纠纷的解决方式主要有协商和诉讼。协商是一种很好的解决保险纠纷的方式，但由于在保险纠纷中保险公司和消费者是一种对立关系，双方通过协商的方式来解决问题的概率很小，故协商在实践中很难真正发挥作用。在协商无法解决纠纷的情况下，消费者只能采取诉讼的方式维权。这样不仅会出现成本高、耗时长等问题，还有部分纠纷并没有复杂到需要通过诉讼来解决的程度，一味地选择诉讼会造成司法资源的浪费。不论是通过协商还是诉讼的方式解决纠纷，都与传统保险纠纷的解决方式无异且过于单一，应当结合互联网保险的特点建立新的解决机制。

面对互联网保险的迅猛发展，必须进一步完善互联网保险的监管规范。首先，要加强对消费者个人信息的保护。在互联网保险行业的个人信息保护中，应同时考虑到个人信息保护在互联网行业内的共性和因涉及保险行业而产生的特殊性，并据此做出个性化的、有差异的制度设计。互联网保险个人信息保护既要适用《民法典》《个人信息保护法》等法律规定和互联网行业标准的要求，还要符合保险行业的特殊要求。保险行业的个人信息保护相较于其他业务领域的特殊之处，主要体现在对个人信息的分类上。例如，财产保险营销的精准定位和保费的定价需要参考的是个人财务信息，而人身险的销售需要收集的则是就医记录中所包含的个人健康信息等。因此，互联网保险的监管规范要细化对个人信息保护的规定，设置惩戒救济机制。其次，要健全互联网保险市场准入退出制度。应当提高互联网保险行业的准入标准。提高注册资本的要求，注重企业的诚信管理体系和信用等级认证，提高网络安全技术水平要求。参考经营模式、保险机构规模、市场价值等因素，按不同的类别标准分类设定退出标准。最后，要健全互联网保险纠纷的解决机制。借鉴英国、日本等互联网保险行业监管成熟的国家，设置互联网保险纠纷解决专项机构和线上申诉渠道，为消费者提供专业化指导。

# 第二章 保险监管制度不断创新

## 一、保险监管体制不断优化

我国保险监管体制围绕保险监管权的配置与行使，在经济体制改革和政府机构改革的背景下，根据国内经济社会发展状况以及国际情势，针对保险行业发展与市场状况而不断优化。从保险监管权设置及其变化的角度看，我国保险监管从 1949 年至今大致经历了集中管理阶段、独立分业监管阶段、混业监管初试阶段、混业监管改革发展阶段。

### （一）集中管理阶段

1949 年 10 月，中国人民保险公司成立。根据 1950 年 1 月颁布的《中国人民保险公司组织条例》，中国人民保险公司依照该条例经营各种保险业务，并负责领导和监督全国保险业。实际上，该条例赋予中国人民保险公司领导和监督保险业的职权。1952 年 5 月，经当时的政务院决定，中国人民保险公司及其所属机构划归财政部领导，成为国家财政体系中一个独立核算的组成部分。1954 年 11 月，第四次全国保险工作会议明确提出，国家保险是财政体系中的一个重要环节，今后数年内要积极开拓各种保险业务，以便吸收分散的社会资金，建立保险基金，充实国家财政的后备力量。

1959 年，鉴于国内保险业务的全面停办，国务院第五办公室批转了财政部和中国人民银行《关于国内保险业务停办后的善后清理工作和国外业务一律由中国人民银行接办的报告》，中国人民保险公司又重新划归中国人民银行领导。1965年，中国人民银行、财政部发布通知，明确国内业务（主要是上海、哈尔滨）由财政部管理，国际业务由中国人民银行管理。

改革开放之后，我国保险业的经营主体逐渐增多，除了中国人民保险公司外，新疆生产建设兵团农牧业保险公司、平安保险公司、中国太平保险公司先后成立。在这一时期，虽然包括保险业在内的金融经济体制改革在不断推进，但是在1998年保监会成立之前，根据我国的法律法规，中国人民银行仍然是保险监督管理权的主要行使主体。如1985年发布的《保险企业管理暂行条例》规定，我国保险管理机关是中国人民银行；1993年《国务院关于金融体制改革的决定》明确中国人民银行的职能是领导、管理金融业。在中国人民银行的内部职责划分上，内设的保险管理机构于1994年4月由金融管理司的保险信用管理处变更为非银行金融机构管理司的保险处。

整体而言，在这一阶段，保险业的经营主体相对较少，而且不是完整意义上的市场主体，所以不论是中国人民银行还是财政部，与中国人民保险公司之间实质上是领导与被领导、管理与被管理的关系，是一种内部组织关系，而非市场经济话语体系下体现为外部特征的监管与被监管的关系。

### （二）独立分业监管阶段

这一阶段保险监管体制的变革主要体现在两大方面。一是立法对保险监管主体及其职能定位表述有了新的变化；二是独立保险监管机构——保监会成立。

1995年，我国颁布《保险法》。该法第八条规定："国务院金融监督管理部门依照本法负责对保险业实施监督管理。"与1985年《保险企业管理暂行条例》、1993年《国务院关于金融体制改革的决定》相比,《保险法》将负责对保险业实施监督管理的主体称之为"国务院金融监督管理部门",而不再明定为中国人民银行。若结合 1983 年 9 月国务院发布的《关于中国人民银行专门行使中央银行职能的决定》以及之前中国人民银行与财政部、中国银行等主体关系的演变来看,不难发现《保险法》实际上是为在中国人民银行之外另设保险监督管理机构预留了空间。另外,关于保险监管者的职能定位,为了适应经济市场化改革、理顺政企关系,《保险法》与同年颁布的《商业银行法》均使用"监督管理"表述。

1998 年保监会成立,标志着保险独立监管从之前的准备阶段进入实质性阶段。根据《中共中央、国务院关于深化金融改革,整顿金融秩序,防范金融风险的通知》(中发〔1997〕19 号)和《国务院关于成立中国保险监督管理委员会的通知》(国发〔1998〕37 号),1998 年 11 月保监会成立。成立保监会,是我国总结东南亚金融危机的经验教训、加强保险业监管、防范化解金融风险、落实 1997 年全国金融工作会议确立的"分业经营、分业监管"要求的重大举措。新设立的保监会,与 1992 年成立的中国证券监督管理委员会以及 2003 年成立的中国银行业监督管理委员会,一并奠定了中国金融行业分业监管的格局。

为了进一步加强和改进保险监管,2003 年国务院办公厅印发了《中国保险监督管理委员会主要职责内设机构和人员编制规定》(国办发〔2003〕61 号),明确了保监会负责拟订保险业发展的方针政策,制订行业发展战略和规划,起草保险业监管的法律、法规,制订业内规章等 11 项职责,以及内设财产保险监管部、人身保险监管部、再保险监管部、保险中介监管部、保险资金运用监管部、发展改革部(政策研究室)、国际部、法规部、派出机构管理部等 15 个职能机构。

保监会职责范围、机构人员设置的进一步明确,为其保险监管权的正当、充分行使提供了基础和依据,推动了中国保险业监管开始不断走向专业化、规范化。

与前一阶段相比,保险监督权在该阶段的显著变化体现为两个方面。一是从监管方与被监管方的关系来看,保险监督权外部监管属性明显增强。随着市场经济体制改革的推进,保险监管主体和保险业经营主体不再是领导管理的内部组织关系,经营主体也不再局限为少数几家甚至是中国人民保险公司一家,而是体现为保监会与保险业市场主体之间外部监管关系。二是从保险监管与其他金融业监管的关系来看,保险监督权的独立性明显增强。虽然在由中国人民银行负责管理保险业的阶段,中国人民银行内部也先后设立过金融管理司保险信用合作管理处、非银行金融管理司保险管理处、保险司及外资金融机构管理司保险处等内设部门,负责保险业的管理工作,但是保险监管权仍然是由统一行使金融管理权的中国人民银行行使。保监会成立后,保险监管权则开始由专门机构集中行使,监管权的独立性明显提升。

（三）混业监管初试阶段

2018年,在深化金融体制改革的大背景下,为应对金融混业经营态势,强化综合监管,根据党的十九届三中全会审议通过的《中共中央关于深化党和国家机构改革的决定》《深化党和国家机构改革方案》和第十三届全国人民代表大会第一次会议批准的《国务院机构改革方案》,保监会与中国银行业监督管理委员会合并组建了银保监会,作为国务院直属正部级事业单位,履行我国银行业和保险业监管职责。为了更好地处理监管与发展的关系,本次调整将原中国银行业监督管理委员会和保监会拟定银行业、保险业重要法律法规草案和审慎监管制度的职责划入中国人民银行,强化银保监会对银行保险经营机构行为和功能的微观监管,力推新成立的监管机构专注于行使监管职责,开启了我国混业监管的新阶段。

根据2018年发布的《中国银行保险监督管理委员会职能配置、内设机构和人员编制规定》,银保监会主要承担依法依规对全国银行业和保险业实行统一监督管理,维护银行业和保险业合法、稳健运行,对派出机构实行垂直领导等15项职责;内设财产保险监管部(再保险监管部)、人身保险监管部、保险中介监管部、保险资金运用监管部、政策研究局、法规部、统计信息与风险监测部、财务会计部(偿付能力监管部)、普惠金融部、公司治理监管部、非银行机构检查局、重大风险事件与案件处置局(银行业与保险业安全保卫局)、创新业务监管部、消费者权益保护局、国际合作与外资机构监管部(港澳台办公室)等26个职能机构。

银保监会的设立,是在我国金融行业综合经营、混业经营趋势明显增强的背景下,针对原有监管体制存在交叉监管、监管空白等问题,为了强化综合监管、优化监管资源配置、守住不发生系统性金融风险的底线,作出的深化金融监管体制改革尝试。

**(四)混业监管改革发展阶段**

2023年,针对近年来金融行业与现代科技高度融合、金融行业分业边界受到冲击、国内外金融风险叠加等新情况新问题,根据党的二十届二中全会审议通过的《党和国家机构改革方案》、第十四届全国人民代表大会第一次会议审议批准的《国务院机构改革方案》,在银保监会的基础上组建了国家金融监督管理总局,作为正部级国务院直属机构,统一负责除证券业之外的金融业监管。我国保险监管随着国家金融监督管理总局的成立进入混业监管改革发展的新阶段。

根据2023年发布并施行的《国家金融监督管理总局职能配置、

内设机构和人员编制规定》，国家金融监督管理总局负责贯彻落实党中央关于金融工作的方针政策和决策部署，把坚持和加强党中央对金融工作的集中统一领导落实到履行职责过程中。其主要职责包括依法对除证券业之外的金融业实行统一监督管理，强化机构监管、行为监管、功能监管、穿透式监管、持续监管，维护金融业合法、稳健运行等15项职责；内设财产保险监管司（再保险监管司）、人身保险监管司、保险和非银机构检查局、机构恢复与处置司、金融消费者权益保护局、打击非法金融活动局、稽查局、行政处罚局、政策研究司、法规局、统计与风险监测局、科技管理司、公司治理监管司等27个职能机构。

  国家金融监督管理总局的成立，是我国经济社会发展进入新时期，为了防范金融风险、促进包括保险在内的金融业能够稳健健康发展，旨在形成全覆盖、全流程、全行为的金融监管体系，而对金融监管体制作出的重大变革。在保障金融监管权正当有效行使上，既重视对外方面要加强和完善现代金融监管，转变监管理念和监管方式，坚持既管合法又管非法，持续提升监管的前瞻性、精准性、有效性，强化中央和地方监管协同，消除监管空白和盲区，加强金融消费者权益保护，加大对违法违规行为的查处力度，牢牢守住不发生系统性金融风险的底线；又强调对内方面要加强金融监管内部治理，强化对权力运行的有效制衡，规范政策制定、市场准入、稽查执法、行政处罚、风险处置等工作流程，强化对重点岗位和关键环节的监督制约，打造一支政治过硬、专业精湛、清正廉洁的监管铁军。保险监管作为金融监管的重要组成部分，已深度融入我国正在着力发展和完善的现代金融监管体系。

## 二、保险监管机制不断创新

伴随着保险业的发展，我国保险监管机制不断创新，主要体现在以下几个方面。

### （一）重视制度建设，不断夯实规范监管的长效机制

截至2024年3月，在国家金融监督管理总局规章库中现行有效的124部规章中，涉及保险监管的有60部，国家金融监督管理总局信息公开的行政规范性文件约80个。规章和行政规范性文件的内容，包括保险经营主体市场准入监管、保险公司治理监管、保险费率监管、偿付能力监管、信息披露监管、理赔行为监管等，覆盖了保险产品设计、保险销售、风险管控、保险理赔等各个环节，为促进保险监管规范化构建了长效机制。

### （二）革新监管理念，不断完善多监管方式协同机制

在独立分业监管阶段，我国保险监管在借鉴国外监管经验基础上，初步建立了以市场行为监管、公司治理监管、偿付能力监管为三支柱的现代监管体系。在混业监管初试阶段，中国保险业与银行业的现代监管体系实现了政策协同、监管协同。混业监管改革发展阶段，围绕监管空白、监管盲区等问题，金融监管着力落实强化机构监管、行为监管、功能监管、穿透式监管、持续监管，强调综合监管和协同监管，依法将各类金融活动全部纳入有效监管。

### （三）公法私法并举，不断完善保险消费者权益保护机制

将《消费者权益保护法》基本立法理念与制度规则，引入应用于保险领域，从强化金融知识教育宣传、规范金融机构行为、完善监督管理规则、及时惩处违法违规现象等方面，全方位督促保险经营机构提升消费者权益保护工作水平，不断强化保险消费者权益保护的监管，

逐步完善了保险消费者权益保护机制。

1. 在保险消费者权益保护的法制完善方面

基本形成了以《保险法》《银行保险机构消费者权益保护管理办法》为基础，以《人身保险产品信息披露管理办法》《保险销售行为管理办法》《保险保障基金管理办法》《财产保险公司保险条款和保险费率管理办法》《保险公司偿付能力管理规定》《互联网保险业务监管办法》《保险代理人监管规定》《银行业保险业消费投诉处理管理办法》《银行保险违法行为举报处理办法》《健康保险管理办法》《保险公司信息披露管理办法》等关联法规为主体，以《关于加强保险消费者权益保护工作的意见》《关于银行保险机构加强消费者权益保护工作体制机制建设的指导意见》等规范性文件为补充的保险消费者权益保护制度体系。不仅确立了保险消费者的八大权利，即财产安全权、知情权、自主选择权、公平交易权、依法求偿权、受教育权、受尊重权、信息安全权，同时也明确了消费者权益保护主体责任、权益救济机制等，为保险消费者权益保护提供了制度基础。

2. 在组织保障方面

保险监管机构内部成立消费者权益保护机构，通过赋权不断增强其消费者保护的能力。2011年，保监会成立了金融监管部门的第一个保险消费者权益保护机构——保险消费者权益保护局。2018年银保监会成立后，下设中国消费者权益保护局，主要负责研究拟订银行业和保险业消费者权益保护的总体规划和实施办法；调查处理损害消费者权益案件，组织办理消费者投诉；开展宣传教育工作。2023年国家金融监督管理总局组建时，进一步整合金融消费者权益保护职权，将中国人民银行有关金融消费者保护职责、中国证券监督管理委员会的投资者保护职责划入国家金融监督管理总局。至此，国家金融监督管理总局下设的金融消费者权益保护局，主要负责拟订金融消费者权益保护发展规划和制度，开展金融消费者教育工作，承担相关金融产品合规性、适当性管理工作，组织调查处理侵害金融消费者合法权益案件，构建金融消费者投诉处理机制和金融消费纠纷多元化解机制。

3. 在保险消费者权益保护的具体机制方面

通过监管明确了保险机构应当建立或完善保险消费者权益保护审查机制、消费者权益保护信息披露机制、消费者适当性管理机制、销售行为回溯管理机制、消费者个人信息保护机制、保险机构合作机构名单管理机制、投诉处理工作机制、矛盾纠纷多元化解配套机制、消费者权益保护内部培训机制、消费者权益保护内部考核机制、消费者权益保护内部审计机制等，为保险消费者权益保护提供了机制基础。

**（四）引入利用新科技，不断推进监管与科技融合机制**

保险监管一直重视新科学技术的运用。早在2003年《中国保险监督管理委员会主要职责内设机构和人员编制规定》中就明确，保监会下设的统计信息部负责保险行业信息化建设规划与实施；承担信息化建设和信息安全以及银行业和保险业机构的信息科技风险监管工作。根据2018年发布的《中国银行保险监督管理委员会职能配置、内设机构和人员编制规定》，银保监会下设的统计信息与风险监测部在信息化建设、信息科技风险监管等职责方面，基本上沿袭了2003年的规定。

为适应保险与数智科技的快速融合发展，2023年组建的国家金融监督管理总局新设科技监管司，负责拟订相关信息科技发展规划和信息科技风险监管制度并组织实施；按分工承担网络安全、数据安全、关键信息基础设施监管等工作，推动数字化信息化建设。中国保险监管机构积极引入大数据、人工智能等尖端技术，对保险市场进行更加精准和高效的监管；通过对监管大数据平台进行全面升级，建设"智慧监管平台"，作为推进数字化智能化监管的主要科技载体。[①]

### （五）发挥保障功能，不断发展保险回应经济社会需求机制

保险是现代经济的重要产业和风险管理的基本手段，是金融业的重要组成部分，是社会文明水平、经济发达程度、社会治理能力的重要标志。保险功能的发挥，保险与经济社会的融合都需要保险监管的引导和支持。为了回应经济社会发展需要，凸显保险风险保障功能，中国保险监管部门发布了诸如《中国银保监会办公厅关于2022年进一步强化金融支持小微企业发展工作的通知》《中国银保监会办公厅关于2022年银行业保险业服务全面推进乡村振兴重点工作的通知》《中国银保监会关于印发银行业保险业绿色金融指引的通知》《中国银保监会关于银行业保险业支持城市建设和治理的指导意见》等规范性文件，引导保险业重点支持普惠金融、绿色金融、社会治理等领域发展，推动了保险回应经济社会需求机制不断发展。

## 三、依法履行保险行政执法及行政监督职能

### （一）注重完善相关法规，不断推动保险行政执法规范化、制度化

为规范和保障保监会及其派出机构依法实施行政处罚，保监会依据《行政处罚法》《保险法》及其他有关法律、行政法规，于2005年11月制定并公布了《中国保险监督管理委员会行政处罚程序规定》（保监会令〔2005〕3号）。该规定自2006年1月1日施行后，针对保险行政执法中的新问题、新情况，先后于2010年、2015年和2017

---

[①] 李愿：《金融监管总局科技监管司：建设"智慧监管平台"》，载《21世纪经济报道》2024年1月15日。

年进行了修改。2020年，为统一规范机构改革后银行业和保险业行政处罚程序，提升金融违法违规成本，严肃整治金融市场乱象，防范化解金融风险，银保监会印发了《中国银保监会行政处罚办法》。将《中国保险监督管理委员会行政处罚程序规定》取而代之的《中国银保监会行政处罚办法》，整合优化了银行业、保险业行政处罚程序，构建了银行业、保险业统一协调的处罚工作机制，为加大处罚力度提供了制度保障，进一步提升了保险行政执法的法治化水平。

为了规范具体执法办案流程，保障现场检查功能的实现，《中国银保监会现场检查办法（试行）》《现场检查质量管理办法》《现场检查廉政监督实施办法》《现场检查操作手册》《全面风险管理现场评估手册》《保险机构案件责任追究指导意见》等规定先后颁发，为现场检查和执法办案的规范、有效开展提供了制度基础。

**（二）依法履行行政监督职能，不断提高保险行政监督法治化水平**

随着我国保险业的发展，为了适应保险监管的专业性与复杂性，我国保险监管在依法行使行政处罚权的同时，不断规范行政监督权的行使。保险监督职能的规范有效发挥，有利于及时制止和矫正违法行为、防范风险进一步扩大、维护社会公众利益。

1. 推动文书监管走向规范化

为了规范各级监管机关和分支机构使用的监管意见书、监管建议书等监管文书，2006年《中国保险监督管理委员会关于规范监管意见书、监管建议书等监管文书的通知》（保监厅发〔2006〕49号）发布，分别就名称及发文程序、性质及适用条件、内容及格式、与《中国保监会现场检查工作规程》（保监发〔2006〕25号）的衔接及其他相关问题进行了规范。该通知明确规定："出具监管函是监管机构在行政处罚之外，行使监管权的一种方式，是对监管对象存在问题的一种提醒或警示。出具监管函应当同时具备以下两个条件：（一）在现场检查或者非现场监管中发现违法违规问题或者经营风险及隐患，且有相应证据予以证明；（二）对于发现的问题不足以实施行政处罚，或者目前的法律、法规、规章中对于该问题缺乏相应的行政处罚规定。"

2. 重视偿付能力监管制度建设

1998年保监会成立后，我国保险监管开始探索建立符合我国国情的偿付能力标准和运行机制。2001年《保险公司最低偿付能力及监管指标管理规定（试行）》（保监发〔2001〕53号）发布，开启了我国保险公司偿付能力制度化的进程。2003年，在总结前期监管探索经验、广泛听取业内意见、研究和借鉴国外相关法规的基础上，保监会对之前的试行规定进行了重新修订，制定发布了《保险公司偿付能力额度及监管指标管理规定》（保监会令〔2003〕1号），标志着我国保险业正式进入偿付能力监管时代。2008年，《保险公司偿付能力管理规定》发布，标志着我国偿付能力监管体系建设完全成型。2012年，《中国第二代偿付能力监管制度体系建设规划》发布，开始探索以风险为导向的偿付能力监管制度体系，此次偿付能力监管制度改革是在充分考虑我国国情的基础上，自主创新研发建立一套具有中国特色的偿付能力监管制度体系。2021年1月，修订的《保险公司偿付能力管理规定》完善了偿付能力达标的条件，并提升了偿付能力信息披露要求；同年12月，《保险公司偿付能力监管规则（Ⅱ）》印发，对原有偿付能力监管规则进行了全面优化升级。2023年9月，《关于优化保险公司偿付能力监管标准的通知》对保险公司的偿付能力资本要求实施了差异化监管，并优化了资本计量标准和风险因子，引导保险公司回归保障本源、服务实体经济和科技创新。[①]我国偿付能力监管制度在探索改革中，不断走向完善。

3. 探索推进保险费率监管制度

我国保险市场改革开放以来，围绕保险费率的监管，走过了一条从宽松到严格、再到逐步宽松的循环与螺旋式演进过程，迄今仍在不断改革中。[②]在财产保险费率监管方面，保险监管机关先后发布了《财产保险条款费率管理暂行办法》（保监发〔2000〕149号）、《关于财产保险条款费率备案管理的通知》（保监发〔2001〕120号）、《关于财产保险条款扩展开办区域问题的通知》（保监发〔2002〕93号）、《关于实施财产保险公司条款费率事后备案制度有关问题的通知》（保监发〔2004〕34号）等，后被2005年发布、2010年和2021年修改后的《财产保险公司保险条款和保险费率管理办法》所取代。在人身保险费率监管方面，保险监管机关先后发布了《人身保险产品定名暂行办法》（保监发〔2000〕42号）、《关于放开短期意外险费率及简化短期意外险备案手续的通知》（保监发〔2000〕78号）、《人身保险产品审批和备案管理办法》（保监会令〔2004〕6号）、《关于〈人身保险产品审批和备案管理办法〉若干问题的通知》（保监发〔2004〕76号）等，现被2011年发布、2015年修订的《人身保险公司保险条款和保险费率管理办法》所取而代之。除此之外，针对万能型、分红型等新型人身保险费率监管，保险监管机关还发布了《关于万能型人身保险费率政策改革有关事项的通知》《关于推进分红型

---

[①] 国家金融监督管理总局偿付能力监管研究课题组：《我国保险业偿付能力监管制度改革研究——基于国际比较的视角》，载《金融监管研究》2024年第2期。

[②] 任自力：《中国保险费率监管制度的改革与思考》，载《政法论丛》2019年第2期。

人身保险费率政策改革有关事项的通知》等，亦取代之前发布的《关于下发〈分红保险管理暂行办法〉〈投资连结管理暂行办法〉的通知》（保监发〔2000〕26号）及《关于印发人身保险新型产品精算规定的通知》（保监发〔2003〕67号）等，推进新型人身保险费率改革。简而言之，历经探索和发展，我国保险费率监管逐步形成了依据不同险种类别而有所差异、正在改革完善中的监管规则体系。

4. 改革完善保险资金运用监管制度

为了规范保险资金运用行为，防范保险资金运用风险，保护保险当事人合法权益，维护保险市场秩序，保险监管部门一直将保险资金运用监管制度建设作为重要工作内容。保监会于2010年发布了《保险资金运用管理暂行办法》，于2014年对《保险资金运用管理暂行办法》进行了修改。为贯彻落实党的十九大、中央经济工作会议和全国金融工作会议精神，进一步防范风险和深化改革，完善保险资金运用管理和监管机制，提升保险业服务实体经济能力，2018年保监会制定并公布了《保险资金运用管理办法》（保监会令〔2018〕1号），将上述《保险资金运用管理暂行办法》取而代之，我国保险资金运用管理的基础性制度不断走向成熟。另外，为促进保险资金运用规范发展，有效防范和化解风险，维护保险资金安全与稳定，2016年《保险资金运用内部控制指引（GICIF）》发布，取代2004年发布的《保险资金运用风险控制指引（试行）》；以及《关于加强和改进保险资金运用比例监管的通知》（保监发〔2014〕13号）、《保险资金运用内控与合规计分监管规则》（保监发〔2014〕54号）、《进一步加强保险资金股票投资监管有关事项的通知》（保监发〔2017〕9号）、《关于开展保险资金运用风险排查专项整治工作的通知》（保监资金〔2017〕128号）、《保险资产负债管理监管规则（1—5号）》（保监发〔2018〕27号）、《关于优化保险公司权益类资产配置监管有关事项的通知》（银保监办发〔2020〕63号）、《关于修改保险资金运用领域部分规范性文件的通知》（银保监发〔2021〕47号）、《关于调整保险资金投资债券信用评级要求等有关事项的通知》（银保监办发〔2021〕118号）、《关于精简保险资金运用监管报告事项的通知》（银保监规〔2022〕1号）等文件的发布，保险资金运用监管制度体系在改革中逐步完善，内容领域更加系统。

5. 完善保险公司治理监管制度

为了规范保险公司治理、提高监管水平，我国监管部门围绕保险公司章程、保险资产管理公司、保险公司合规、保险公司内控、保险机构公司治理监管评估标准等，陆续出台了一系列的规范制度。例如，在公司章程治理方面，印发了《保险公司章程指引》；在保险公司合规方面，《保险公司合规管理办法》《中国保监会关于进一步加强保险公司合规管理工作有关问题的通知》先后印发；在保险资产公司治理方面，《保险资产管理公司管理暂行规定》（保监会令〔2004〕2号）、《关于调整〈保险资产管理公司管理暂行规定〉有关规定的通知》（保监发〔2011〕19号）、《关于保险资产管理公司有关事项的通知》（保监发〔2012〕90号）先后出台，现被2022年的《保险资产管理公司管理规定》所取代；在保险公司内控方面，印发了《保险公司内部控制基本准则》；在公司治理监管评估标准方面，《银行保险机构公司治理监管评估办法》出台。另外，关于保险公司治理的综合性规定，如《保险公司管理规定》《健全银行业保险业公司治理三年行动方案（2020—2022年）》《银行保险机构公司治理准则（银保监发〔2021〕14号）》等为保险公司治理监管指明了方向。除此之外，我国保险监管部门先后发布的《保险公司发展规划管理指引》《保险集团并表监管指引》《关于加强非金融企业投资金融机构监管的指导意见》《保险资产负债管理监管暂行办法》《关于优化保险机构投资管理能力监管有关事项的通知》《保险集团公司监督管理办法》《关于规范和促进养老保险机构发展的通知》《国家金融监督管理总局关于加强中国出口信用保险公司地市级分支机构管理有关事项的通知》等，丰富了我国保险公司治理监管的制度内容。有中国特色的保险公司治理监管体系基本形成。

# 第三章 司法保障保险业健康发展

公安机关、人民检察院、人民法院等司法机关依法履行职能，保障了保险业的健康发展。随着保险市场的快速发展，保险纠纷案件也不断增多，而保险法律法规尚不能完全满足保险市场发展的需要。因此，人民法院陆续出台了涉保险司法解释与司法政策，并发布了一批涉保险典型案例。公安机关、检察机关历来重视惩治和预防保险违法犯罪工作，尤其是依法打击保险欺诈等犯罪行为，保障保险业健康发展，成效显著。

## 一、人民法院充分发挥审判职能

### （一）最高人民法院出台的涉保险司法解释与司法政策

1. 涉保险相关司法解释

随着2009年《保险法》的实施，有关法律适用问题逐步在审判实务中显现出来，最高人民法院先后出台了四个司法解释，对突出问题作出回应。

（1）《保险法司法解释（一）》

随着2009年《保险法》的实施，有关法律适用问题逐步在审判实务中显现出来，最高人民法院及时出台一系列司法解释。《最高人民法院关于适用〈中华人民共和国保险法〉若干问题的解释（一）》（以下简称"《保险法司法解释（一）》"）于2009年9月14日由最高人民法院审判委员会通过，自2009年10月1日起施行。该解释共6个条文，主要解决新旧《保险法》如何衔接的问题，并且将适用范围限定于保险合同纠纷案件。

（2）《保险法司法解释（二）》

《最高人民法院关于适用〈中华人民共和国保险法〉若干问题的解释（二）》（以下简称"《保险法司法解释（二）"》）于2013年5月6日由最高人民法院审判委员会通过，自2013年6月8日起施行。《保险法司法解释（二）》共21条，是针对《保险法》保险合同一般规定部分的解释。该解释坚持以下四个理念：一是妥善平衡利益，合理保护保险消费者。加强对投保人、被保险人和受益人合法权益的保护，是2009年《保险法》修订的重中之重，保险监管部门也将加强保险消费者保护作为保险监管工作的重要内容。当然，在保护消费者的同时也应当兼顾保险人的利益，尊重保险行业发展的客观实际，保障保险行业的健康发展。二是坚持诚信原则，防范道德风险。保险合同以转移风险为目的，属典型的射幸合同，对诚实信用的要求高于一般合同。三是坚持保险原理，尊重保险特性。保险是以大数法则为基础的制度，具有很强的技术性。保险经营行为中保险费率的厘定、保险风险的选择、保险赔偿的计算、保险资金的运用以及各种准备金的提取等都需要以精算为基础。四是遵守合同原理，把握保险合同的特点。保险合同在订立、生效、履行等方面具有不同于普通民事合同的一些特征，需要在法律上作出不同于普通民事合同的规定。在司法解释中，既要尊重保险合同的特殊规则，也要重视保险合同法属于合同法的特别法这一事实，其仍应遵循合同法的基本原理。[1]

---

[1] 最高人民法院民事审判第二庭：《最高人民法院关于保险法司法解释（二）的理解与适用》，人民法院出版社2013年版，第11页。

（3）《保险法司法解释（三）》

《最高人民法院关于适用〈中华人民共和国保险法〉若干问题的解释（三）》（以下简称"《保险法司法解释（三）》"）于2015年9月21日由最高人民法院审判委员会通过，自2015年12月1日起施行。该司法解释共26条，着重解决《保险法》保险合同章人身保险部分在适用中存在的争议。针对人身保险合同的特征，该司法解释坚持以下指导原则：一是注重防范道德风险。人身保险以人的寿命和身体为保险标的，道德风险的发生意味着被保险人的生命健康受到侵害。因此，防范道德风险在人身保险合同中的任务更加繁重。二是注重保护保险消费者。加强保险消费者保护，是各国保险合同立法的基本原则，也是历次《保险法》修订的基本理念。《保险法司法解释（三）》的制定也体现了这一原则。三是支持保险创新。现代人身保险不再局限于传统的人寿保险、医疗保险、意外伤害保险，而是发展出具有投资功能的万能险、分红险、投连险等保险产品，创新活跃。《保险法司法解释（三）》坚持鼓励创新原则，为新型保险产品的发展创造条件。四是厘清保险合同法律关系。人身保险合同的主体，除保险人与投保人外，还有被保险人和受益人，法律关系较为复杂。《保险法司法解释（三）》遵循合同相对性基本原理，以投保人作为保险合同当事人来构建保险合同法律关系，同时注重维护被保险人的合法权益。

（4）《保险法司法解释（四）》

2018年最高人民法院发布《关于适用〈中华人民共和国保险法〉若干问题的解释（四）》（以下简称"《保险法司法解释（四）》"）。此次最高人民法院起草的《保险法司法解释（四）》旨在解决财产保险合同法律适用问题，对保险监管机构完善相关监管制度，引导和督促保险机构加强管控、重视服务，从源头上减少保险纠纷具有非常重要的现实意义。①该司法解释包括四个部分，共26条，分别对保险合同当事人的权利义务、保险责任认定、保险代位求偿权和责任保险的问题作出解释。

同时，《中华人民共和国海商法》（以下简称《海商法》）（1992年11月7日经中华人民共和国第七届全国人民代表大会常务委员会第二十八次会议通过）实施后，随着经济社会的高速发展，海事法院及其上诉法院审理的有关海上保险合同纠纷案件逐渐增多，遇到的相关法律问题愈加突出，出现了对有关保险纠纷案件的法律适用、被保险人的如实告知义务、保险合同中免责条款的效力以及保险人行使代位请求赔偿权利等有关问题认识不一致的情况。同样的案情、同样的法律事实，不同的法院往往会作出不同的认定，影响了司法统一。②为解决实践中存在的困难和问题，统一裁判尺度，最高人民法院在深入调研、广泛征求社会各界意见的基础上，及时出台了《关于审理海上保险纠纷案件若干问题的规定》（法释〔2020〕18号，2006年11月13日通过，2020年12月23日修正），这是我国第一个专门针对审理保险类纠纷的司法解释。

2. 涉保险相关批复

自1991年以来，根据中国保险监督管理委员会办公厅、各省高级法院的请示，最高人民法院先后发布了19个涉保险批复，就审判工作中具体应用法律问题进行答复，其中民事类批复11个、行政类批复1个、海事海商类批复6个、执行类批复1个。具体如下：

---

① 赵广道：《〈保险法〉司法解释（四）论证会在深圳举行》，载《中国保险报》2016年6月17日。

② 最高人民法院民四庭负责人就《关于审理海上保险纠纷案件若干问题的规定》答记者问（2006年11月29日），载《人民法院报》2006年11月29日。

（1）最高人民法院《关于审理保险合同纠纷案件如何认定暴雨问题的复函》（1991年7月16日 法（经）函〔1991〕70号）。

（2）最高人民法院《关于财产保险单能否用于抵押的复函》（1992年4月2日 法函〔1992〕47号）。

（3）最高人民法院《关于对私营客车保险期满后发生的车祸事故保险公司应否承担保险责任的请示的复函》（1993年8月4日 法经〔1993〕161号）。

（4）最高人民法院研究室《关于对保险法第十七条规定的"明确说明"应如何理解的问题的答复》（2000年1月24日 法研〔2000〕5号）。

（5）最高人民法院《关于人民法院能否提取投保人在保险公司所投的第三人责任险应得的保险赔偿款问题的复函》（2000年7月13日〔2000〕执他字第15号）。

（6）最高人民法院《关于保险船舶发生保险事故后造成第三者船舶沉没而引起的清理航道费用是否属于直接损失的复函》（2001年2月18日〔2000〕交他字第12号）。

（7）最高人民法院《关于长春大成玉米开发公司与中国人民保险公司吉林省分公司海上保险合同纠纷一案的请示的复函》（2001年11月7日〔2001〕民四他字第25号）。

（8）最高人民法院《关于如何理解〈中华人民共和国保险法〉第六十五条"自杀"含义的请示的答复》（2002年3月6日〔2001〕民二他字第18号）。

（9）最高人民法院《关于中国人民保险公司青岛市分公司与巴拿马浮山航运有限公司船舶保险合同纠纷一案的复函》（2002年12月25日〔2002〕民四他字第12号）。

（10）最高人民法院《关于对四川省高级人民法院关于内江市东兴区农村信用合作社联合社与中国太平洋保险公司内江支公司保险合同赔付纠纷合同是否成立等请示一案的答复》（2003年7月10日〔2003〕民二他字第09号）。

（11）最高人民法院《关于审理涉及保险公司不正当竞争行为的行政处罚案件时如何确定行政主体问题的复函》（2003年12月8日法函〔2003〕65号）。

（12）最高人民法院研究室《关于新的人身损害赔偿审理标准是否适用于未到期机动车第三者责任保险合同问题的答复》（2004年6月4日法研〔2004〕81号）。

（13）最高人民法院《关于2006年7月1日以前投保的第三者责任险性质的答复》（2006年4月19日〔2006〕民一他字第1号）。

（14）最高人民法院《关于大众保险股份有限公司苏州中心支公司、大众保险股份有限公司与苏州浙申实业有限公司海上货物运输保险合同案适用法律问题的请示的复函》（2007年7月24日〔2007〕民四他字第8号）。

（15）最高人民法院《关于保证保险合同纠纷案件法律适用问题的答复》（2010年6月24日〔2006〕民二他字第43号）。

（16）最高人民法院《关于在道路交通事故损害赔偿纠纷案件中机动车交通事故责任强制保险中的分项限额能否突破的请示的答复》（2012年5月29日〔2012〕民一他字第17号）。

（17）最高人民法院《关于保险利益认定问题的答复》（2012年11月9日〔2012〕民四他字第44号）。

（18）最高人民法院《关于审理出口信用保险合同纠纷案件适用相关法律问题的批复》（2013年5月2日法释〔2013〕13号）。

（19）最高人民法院《关于海上保险合同的保险人行使代位请求赔偿权利的诉讼时效期间起算日的批复》（2014年12月25日 法释〔2014〕15号）。

这19个批复就具体司法过程中出现的一些特殊情况或需要进一步明确的问题作出了更明确的法律解释，保障了对保险相关法律规定的准确理解和正确执行。

3. 涉保险司法政策

（1）最高人民法院《关于人民法院为防范化解金融风险和推进金融改革发展提供司法保障的指导意见》（2012年2月10日法发〔2012〕3号）

为规范金融秩序，防范金融风险，推动金融改革，支持金融创新，维护金融安全，最高人民法院印发《关于人民法院为防范化解金融风险和推进金融改革发展提供司法保障的指导意见》，要求人民法院将依法审理贷款、票据、信用证、信用卡、有价证券、保险合同、非法集资方面的金融诈骗案件，操纵市场、欺诈上市、内幕交易、虚假披露、洗钱、伪造货币、贩运伪造的货币，逃汇套汇、伪造变造金融凭证等刑事案件以及插手民间借贷金融活动的黑社会性质的组织犯罪及其他暴力性犯罪，切实维护金融秩序和人民群众的财产安全，努力挽回国家经济损失。

（2）最高人民法院、中国保险监督管理委员会《关于在全国部分地区开展建立保险纠纷诉讼与调解对接机制试点工作的通知》（2012年12月18日法〔2012〕307号）

为贯彻中央关于诉讼与非诉讼相衔接的矛盾纠纷解决机制改革的总体部署和人民法院"调解优先、调判结合"的工作原则，充分发挥保险监管机构、保险行业组织预防和化解社会矛盾纠纷的积极作用，依法、公正、高效化解保险纠纷，最高人民法院与中国保险监督管理委员会决定在全国部分地区联合开展建立保险纠纷诉讼与调解对接机制试点工作，共同发布《关于在全国部分地区开展建立保险纠纷诉讼与调解对接机制试点工作的通知》，包含保险监管机构应加强对保险行业调解组织的工作指导，保险行业协会负责保险行业调解组织的建设和运行管理等内容。

（3）最高人民法院、中国保险监督管理委员会《关于全面推进保险纠纷诉讼与调解对接机制建设的意见》（2016年11月4日法〔2016〕374号）

为贯彻落实《中共中央关于全面推进依法治国若干重大问题的决定》（中发〔2014〕10号）有关完善多元化纠纷解决机制精神及《最高人民法院关于人民法院进一步深化多元化纠纷解决机制改革的意见》（法发〔2016〕14号），就进一步推进保险纠纷诉调对接机制建设工作提出以下意见，最高人民法院、中国保险监督管理委员会共同发布《关于全面推进保险纠纷诉讼与调解对接机制建设的意见》，包括完善调解平台设置、规范调解组织建设、加强调解员队伍建设、积极推动建立"一站式"纠纷解决模式、明确案件范围、完善立案前委派调解对接流程、严格调解时限、构建多层次的保险纠纷诉调对接沟通联系机制、建立保险纠纷诉调对接信息共享机制、建立疑难纠纷指导机制、探索建立在线调解机制等内容。

（4）最高人民法院、中国人民银行、中国银行保险监督管理委员会《关于全面推进金融纠纷多元化解机制建设的意见》（2019年11月19日法发〔2019〕27号）

为贯彻落实《中共中央办公厅国务院办公厅关于完善矛盾纠纷多元化解机制的意见》《国务院办公厅关于加强金融消费者权益保护工

作的指导意见》《最高人民法院关于人民法院进一步深化多元化纠纷解决机制改革的意见》，最高人民法院、中国人民银行、中国银行保险监督管理委员会联合印发《关于全面推进金融纠纷多元化解机制建设的意见》，就全面深化金融纠纷多元化解机制建设工作的工作目标、工作原则、工作内容进行了详细规定。

（5）最高人民法院《全国法院民商事审判工作会议纪要》（2019年9月11日法〔2019〕254号）

针对民商事审判中的前沿疑难争议问题，在广泛征求各方面意见的基础上，经最高人民法院审判委员会民事行政专业委员会讨论决定，最高人民法院发布《全国法院民商事审判工作会议纪要》，会议纪要第八部分对财产保险合同纠纷案件的审理涉及的"未依约支付保险费的合同效力、仲裁协议对保险人的效力、直接索赔的诉讼时效"做了详细规定。

**（二）最高人民法院发布的涉保险典型案例**

1. 指导性案例

为贯彻落实中央关于建立案例指导制度的司法改革举措，最高人民法院于2010年11月26日印发了《关于案例指导工作的规定》（以下简称《规定》），《规定》的出台，标志着中国特色案例指导制度初步确立。社会各界对此高度关注，并给予大力支持。最高人民法院专门设立案例指导工作办公室，加强并协调有关方面对指导性案例的研究。2011年12月20日，最高人民法院发布了第一批共4个指导性案例，截至2024年6月30日，最高人民法院分40批共发布指导性案例229例，其中涉保险指导性案例3例，含民事类2例、海事海商类1例。3个案例分别涉及第三者侵权行为诉讼管辖、海上货物运输保险合同中的"一切险"承保范围的认定、因第三者的违约行为给被保险人的保险标的造成损害的认定等问题。

具体案例如下：

（1）指导性案例 25 号：华泰财产保险有限公司北京分公司诉李某某、天安财产保险股份有限公司河北省分公司张家口支公司保险人代位求偿权纠纷案。

裁判要点：因第三者对保险标的的损害造成保险事故，保险人向被保险人赔偿保险金后，代位行使被保险人对第三者请求赔偿的权利而提起诉讼的，应当根据保险人所代位的被保险人与第三者之间的法律关系，而不应当根据保险合同法律关系确定管辖法院。第三者侵害被保险人合法权益的，由侵权行为地或者被告住所地法院管辖。

（2）指导性案例 52 号：海南丰海粮油工业有限公司诉中国人民财产保险股份有限公司海南省分公司海上货物运输保险合同纠纷案。

裁判要点：海上货物运输保险合同中的"一切险"，除包括平安险和水渍险的各项责任外，还包括被保险货物在运输途中由于外来原因所致的全部或部分损失。在被保险人不存在故意或者过失的情况下，由于相关保险合同中除外责任条款所列明情形之外的其他原因，造成被保险货物损失的，可以认定属于导致被保险货物损失的"外来原因"，保险人应当承担运输途中由该外来原因所致的一切损失。

（3）指导性案例 74 号：中国平安财产保险股份有限公司江苏分公司诉江苏镇江安装集团有限公司保险人代位求偿权纠纷案。

裁判要点：因第三者的违约行为给被保险人的保险标的造成损害的，可以认定为属于《中华人民共和国保险法》第六十条第一款规定的"第三者对保险标的的损害"的情形。保险人由此依法向第三者行使代位求偿权的，人民法院应予支持。

2.《最高人民法院公报》案例

自 1985 年 5 月起,《最高人民法院公报》开始向社会公布各类典型案例,截至 2024 年 6 月 30 日,《最高人民法院公报》刊登涉保险典型案例 15 例,含民事类 13 例、海事海商类 2 例。具体如下:

(1)保险人未尽到说明义务的法律后果(2 例)

《最高人民法院公报》2010 年第 5 期:韩某某等诉阳光人寿保险股份有限公司江苏分公司保险合同纠纷案。

裁判要旨:保险法第十七条第一款规定:"订立保险合同,保险人应当向投保人说明保险合同的条款内容,并可以就保险标的或者被保险人的有关情况提出询问,投保人应当如实告知。"保险人或其委托的代理人出售"自助式保险卡"未尽说明义务,又未对相关事项向投保人提出询问,自行代替投保人激活保险卡形成数据电文形式的电子保险单,在保险合同生效后,保险人以电子保险单内容不准确,投保人违反如实告知义务为由主张解除保险合同的,人民法院不予支持。

《最高人民法院公报》2011 年第 3 期:段某某诉中国人民财产保险股份有限公司南京市分公司保险合同纠纷案。

裁判要旨:根据 2002 年修订的《中华人民共和国保险法》第十七条第一款、第十八条的规定,订立保险合同,保险人应当向投保人说明保险合同的条款内容。保险合同中规定有关于保险人责任免除条款的,保险人在订立保险合同时应当向投保人明确说明,未明确说明的,该条款不产生效力。据此,保险人有义务在订立保险合同时向投保人就责任免除条款作出明确说明,前述义务是法定义务,也是特别告知义务。如果保险合同当事人对保险人是否履行该项告知义务发生争议,保险人应当提供其对有关免责条款内容作出明确解释的相关证据,否则该免责条款不产生效力。

（2）保险人违背诚实信用原则的法律后果（2例）

《最高人民法院公报》2013年第8期：刘某某诉安邦财产保险公司保险合同纠纷案。

裁判要旨：根据《合同法》第五十四条第二款的规定，一方以欺诈、胁迫的手段或乘人之危，使对方在违背真实意思的情况下订立的合同，受损害方有权请求人民法院或仲裁机构变更或者撤销。而欺诈是指合同一方当事人故意告知对方虚假情况，或者故意隐瞒真实情况，诱使对方当事人作出错误意思表示的行为。保险公司故意隐瞒被保险人可以获得保险赔偿的重要事实，对被保险人进行错误诱导，致使被保险人误以为将不能从保险公司获得赔偿，并在此基础上作出同意销案的意思表示，应认定被保险人作出了不真实的意思表示，保险公司的行为违背诚信原则，因此构成保险合同欺诈。

《最高人民法院公报》2013年第11期：陆某某诉中国人寿保险股份有限公司太仓支公司保险合同纠纷案。

裁判要旨：人寿保险合同未约定具体的保费缴纳方式，投保人与保险人之间长期以来形成了较为固定的保费缴纳方式的，应视为双方成就了特定的交易习惯。保险公司单方改变交易习惯，违反最大诚信原则，致使投保人未能及时缴纳保费的，不应据此认定保单失效，保险公司无权中止合同效力并解除保险合同。

（3）保险合同关系中对人身权利的特别保护（2例）

《最高人民法院公报》2015年第12期：王某某诉中国人寿保险股份有限公司淮安市楚州支公司保险合同纠纷案。

裁判要旨：保险公司以保险合同格式条款限定被保险人患病时的治疗方式，既不符合医疗规律，也违背保险合同签订的目的。被保险人有权根据自身病情选择最佳的治疗方式，而不必受保险合同关于治疗方式的限制。保险公司不能以被保险人没有选择保险合同指定的治疗方式而免除自己的保险责任。

《最高人民法院公报》2017年第7期：仇某某等诉中国人民财产保险股份有限公司灌云支公司等意外伤害保险合同纠纷案。

裁判要旨：学校的教学环境、活动设施必须符合安全性要求，以保障学生生命健康不受损害。若因可归责于学校的原因导致学生生命健康权受损，按照投保的校园方责任险应由学校承担赔偿责任的，应当依据保险合同约定由保险公司代为赔偿。学校以免除己方责任为条件与家长签订人道主义援助补偿协议，应主要认定其所具有的补偿性，而非免除保险公司的赔偿责任，在学校怠于请求保险赔偿时，不应依据该协议剥夺受害人的保险索赔权。

（4）保险合同成立、生效要件的认定（2例）

《最高人民法院公报》2016年第7期：云南福运物流有限公司与中国人寿保险股份有限公司曲靖中心支公司财产损失保险合同纠纷案。

裁判要旨：一、当事人就货物保险损失达成的《赔偿协议书》及《货运险赔偿确认书》是对财产损害赔偿金额的自认，是真实意思表示，是有效的民事法律行为。二、保险合同以当事人双方意思表示一致为成立要件，即保险合同以双方当事人愿意接受特定条件约束时，保险合同即为成立。签发保险单属于保险方的行为，目的是对保险合同的内容加以确立，便于当事人知晓保险合同的内容，能产生证明的效果。根据《保险法》第十三条的第一款关于"投保人提出保险要求，经保险人同意承保，保险合同成立。保险人应当及时向投保人签发保险单或者其他保险凭证，并在保险单或者其他保险凭证中载明当事人双方约定的全部内容"之规定，签发保险单并非保险合同成立时所必须具备的形式。三、保险费是被保险人获得保险保障的对价。根据《保险法》第十三条第三款关于"依法成立了的保险合同，自成立时生效。投保人和保险人可以对合同的效力约定附条件或者附期限"之规定，保险合同可以明确约定以交纳保险费为合同的生效要件。如保险合同约定于交纳保险费后保险合同生效，则投保人对交纳保险费前所发生的损失不承担赔偿责任。

《最高人民法院公报》2023年第8期：上海惠骏物流有限公司诉中国平安财产保险股份有限公司上海分公司等财产保险合同纠纷案。

裁判要旨：判断保险合同当事人最终合意形成的真实意思表示，应当结合投保单、保险单或其他保险凭证、保险条款等保险合同的组成内容综合判断。依法订入合同并已产生效力的合同内容，对保险合同各方当事人均有法律约束力。当事人仅以缔约过程中未形成最终合意的单方意思表示主张其保险合同权利的，人民法院不予支持。

（5）"饮酒过量导致身体损害"是否属于意外伤害的认定（1例）

《最高人民法院公报》2017年第9期：赵某、朱某某诉中美联泰大都会人寿保险股份有限公司意外伤害保险合同纠纷案。

裁判要旨：意外伤害是指由于外来的、突发的、非本意的、非疾病的原因导致身体受到伤害的客观事件。饮酒过量有害身体健康属生活常识，被保险人作为完全民事行为能力人，对此完全可以控制、避免，故饮酒过量导致身体损害不是基于外来的、突发的和非本意的因素，不属于意外伤害，被保险人据此申请保险公司支付保险金的，人民法院不予支持。

（6）保险合同纠纷中"一事不再理"的认定（1例）

《最高人民法院公报》2021年第7期：王某某诉中国人寿保险股

份有限公司芜湖市中心支公司财产保险合同纠纷案。

裁判要旨：被保险人起诉要求侵权人赔偿损失获生效判决支持但未实际执行到位的，有权要求保险人承担赔偿责任，并不违反"一事不再理"原则，保险人履行保险赔偿责任后依法获得保险代位求偿权。保险事故发生后，被保险人怠于通知致使保险人未能参与定损的，损害了保险人的知情权和参与定损权，其依据侵权生效判决所确认的损失金额主张保险理赔的，保险人有权申请重新鉴定。

（7）保险标的用途改变是否构成保险人免责的认定（2例）

《最高人民法院公报》2021年第12期：李某某诉中国平安财产保险股份有限公司北京分公司保险合同纠纷案。

裁判要旨：顺风车通过分摊出行成本或免费互助方式，达到缓解拥堵、方便出行的目的。从事顺风车是否改变被保险车辆的使用性质，应结合收取费用情况、车辆行驶区间、车辆所有人职业状况以及接单频率等情况予以综合判定。

《最高人民法院公报》2022年第5期：郑某某诉三星财产保险（中国）有限公司财产保险合同纠纷案。

裁判要旨：被保险人将约定用途为"非营运个人"的被保险车辆出租给他人，并允许承租人通过网络向不特定用户转租，系以获取租金收益为目的的商业性使用，改变了保险标的的用途，且超出保险合同订立时保险人预见到保险合同的承保范围，属于保险法第五十二条危险程度显著增加的情形。

（8）重复保险下已赔付保险人的分摊请求权（1例）

《最高人民法院公报》2023年第9期：中国人民财产保险股份有限公司中山市分公司诉中国太平洋财产保险股份有限公司东莞分公司等财产保险合同纠纷案。

裁判要旨：重复保险下，已赔付保险人享有分摊请求权的，可以就实际支付保险赔偿金额超出自己份额的部分，在其他保险人未履行的份额范围内向其追偿。已赔付保险人行使分摊请求权，相应地享有被保险人的权利。其他保险人对被保险人的抗辩，可以向已赔付保险人主张。财产保险合同约定合同以外第三人为被保险人，保险人未证明第三人在合理期限内拒绝，第三人请求保险人承担保险合同约定的赔偿责任的，人民法院应予支持。

（9）"船舶建造"有关的活动是否属于与"船舶营运"直接相关的活动的认定（1例）

《最高人民法院公报》2013年第10期：中海工业（江苏）有限公司诉中国太平洋财产保险股份有限公司扬州中心支公司、中国太平洋财产保险股份有限公司海上保险合同纠纷案。

裁判要旨：在建船舶因尚未通过各项技术检验和办理正式登记手续，难以构成《中华人民共和国海商法》意义上的船舶，更不具备从事船舶营运活动的资质。因此，在建船舶的试航作业只是与"船舶建造"有关的活动，而非海商法第二百零七条第一款第（三）项所列的与"船舶营运"直接相关的活动，由此产生的损害赔偿请求权不属于限制性债权，故在建船舶试航期间发生事故造成他人人身、财产损失的，责任人不能享受海事赔偿责任限制。

（10）船舶"不适航"免责条款的适用（1例）

《最高人民法院公报》2022年第12期：世嘉有限公司诉中国大地财产保险股份有限公司等海上保险合同纠纷案。

裁判要旨：《国际船舶安全营运及防止污染管理规则》（ISM规则）是适用于国际航行船舶的强制性国际标准。被保险船舶在船舶安全管理体系实施方面违反ISM规则，严重影响船舶航行安全，可构成船舶不适航。若此种不适航与船舶搁浅全损具有直接的因果关系，保险人依法不负赔偿责任。

3. 人民法院案例库参考案例

习近平总书记多次强调，"一个案例胜过一打文件"。为把习近平法治思想落实到审判工作全过程各方面，发挥案例指导及时灵活、针对性强、易于把握的独特优势，为法官办案提供权威参考、规范指引，同时更好满足社会各界和人民群众多元化司法需求，最高人民法院大力推动人民法院案例库建设。人民法院案例库除收录最高人民法院发布的指导性案例外，还收录了一大批经最高人民法院审核入库的参考案例，旨在最大限度发挥权威案例促进法律正确统一适用、优化司法公开、提升法官司法能力等效能，更好服务司法审判、公众学法、学者科研、律师办案。这是推动中国特色案例制度不断健全完善的重要举措，是最高人民法院推出的新的"公共法律服务产品"。2024年2月27日，人民法院案例库正式上线并向社会开放，受到社会广泛关注。截至2024年6月30日，最高人民法院共在人民法院案例库发布了参考案例3779例，其中涉保险参考案例68例，含民事类48例，占比70.59%；刑事类5例，占比7.35%；海事海商类15例，占比22.06%。具体如下：

（1）保险合同成立及效力认定（4例）

商某诉某保险公司北京分公司等机动车交通事故责任纠纷案——"零时起保"保险条款的效力认定（入库编号：2023-16-2-374-009，入库日期：2024年2月22日）。

某物流公司诉某保险公司等财产保险合同纠纷案——依法订入合同并已产生效力的合同内容，对保险合同各方当事人均有法律约束力（入库编号：2023-08-2-333-002，入库日期：2024年2月23日）。

段某某诉某财险股份有限公司某分公司人身保险合同纠纷案——"众包骑手"配送投保平台之外订单发生保险事故赔偿责任认定（入库编号：2023-08-2-334-001，入库日期：2024年2月23日）。

廖某诉某保险公司南充市顺庆区支公司人身保险合同纠纷案——保险人明知投保人的投保有导致合同无效的情形仍接受投保并收取保险费的，不得以合同无效为由进行抗辩（入库编号：2023-16-2-334-003，入库日期：2024年2月25日）。

（2）投保人、保险人的告知、提示、说明义务（6例）

何某等诉某保险公司人身保险合同纠纷案——保险合同隐性免责条款的认定（入库编号：2023-08-2-334-002，入库日期：2024年2月23日）。

杨某等诉某保险公司意外伤害保险合同纠纷案——职业类别赔付限制属于格式条款，保险公司应尽到提示告知义务（入库编号：2023-08-2-334-003，入库日期：2024年2月23日）。

周某诉某人寿保险公司人寿保险合同纠纷案——体检结论未对疾病确诊的，一般不能认定投保人已知道其患有某种疾病（入库编号：2024-08-2-334-004，入库日期：2024年2月24日）。

周某连诉章某根、某保险股份有限公司新余市中心支公司等财产保险合同纠纷案——未标注或提示为免责条款但暗含免除责任情形的保险条款属于隐性免责条款（入库编号：2024-16-2-333-002，入库日期：2024年2月24日）。

谢某诉某财产保险某支公司财产保险合同纠纷案——电子投保形式下对保险人履行提示说明义务的认定（入库编号：2023-16-2-333-004，入库日期：2024年2月25日）。

赵某、赵某某、倪某某诉中国人民财产保险股份有限公司某公司、张某某机动车交通事故责任纠纷案——保险免责条款为禁止性法律规定的，保险人的说明义务的举证责任可以适当减轻（入库编号：2023-16-2-374-011，入库日期：2024年2月25日）。

（3）保险合同格式条款的适用规则（2例）

某安全器材公司诉某保险公司财产保险合同纠纷案——格式条款在财产保险合同纠纷中的适用规则（入库编号：2023-08-2-333-006，入库日期：2024年2月24日）。

昆山某电子材料有限公司与某财产保险股份有限公司上海分公司、某财产保险股份有限公司财产保险合同纠纷审案——保险合同格式条款中疑义利益解释规则的适用（入库编号：2024-16-2-333-001，入库日期：2024年2月24日）。

（4）保险合同免责条款的适用（5例）

某有限公司诉某财产保险股份有限公司等海上保险合同纠纷案——船舶安全管理体系实施情况违反ISM规则构成船舶不适航（入库编号：2023-10-2-230-002，入库日期：2024年2月20日）。

大连某公司诉某财险公司海上、通海水域保险合同纠纷案——船舶超航区行驶造成的事故不属于保险责任范围（入库编号：2023-10-2-230-005，入库日期：2024年2月20日）。

柴某某等诉某财产保险股份有限公司黄山市分公司等机动车交通事故责任纠纷案——被保险机动车年检合格但在发生交通事故时检验不合格的情形，不属于保险合同约定的"未按规定检验或检验不合格"的免责情形（入库编号：2023-16-2-374-001，入库日期：2024年2月22日）。

中国某财产保险股份有限公司上海分公司诉佛山市某船务有限责任公司、纪某剧通海水域保险合同纠纷案——保险免责条款约定不明确时应从有利于被保险人的角度进行解释和适用（入库编号：2024-10-2-230-002，入库日期：2024年2月24日）。

某财产保险公司上海分公司诉上海某餐饮公司财产保险合同纠纷案——财产保险合同约定付费前免责条款效力的认定（入库编号：2024-08-2-333-008，入库日期：2024年3月7日）。

（5）保险人解除权（1例）

艾某某诉某人寿保险股份有限公司等人身保险合同纠纷案——投保人未如实告知已购买多份重疾险，与保险风险评估具有因果关系，保险人有权解除保险合同（入库编号：2023-08-2-334-004，入库日期：2024年2月23日）。

（6）保险人定损权利和义务（4例）

七台河某选煤工程技术北京分公司诉某财产保险大庆公司财产损失保险合同纠纷案——保险人怠于履行法定定损、理赔义务及延期支付维修款，造成被保险人损失的，应当承担民事赔偿责任（入库编号：2023-08-2-333-001，入库日期：2024年2月23日）。

民勤县某蔬菜产销专业合作社诉某财产保险股份有限公司民勤支公司财产保险合同纠纷案——农业保险事故定损不及时，责任由谁承担（入库编号：2024-08-2-333-001，入库日期：2024年2月23日）。

钱某诉某财产保险股份有限公司无锡市分公司财产损失保险合同纠纷案——单方委托鉴定通知未送达对保险公司不具有约束力，保险公司仍应承担定损义务（入库编号：2024-08-2-333-005，入库日期：2024年2月24日）。

王某诉某保险公司财产保险合同纠纷案——侵权生效判决未经充分抗辩确认的损失金额在后续保险诉讼的证明力（入库编号：2024-08-2-333-011，入库日期：2024年3月7日）。

（7）举证责任分配（2例）

上海某海运有限公司诉某财产保险股份有限公司某市中心支公司海上保险合同纠纷案——主张搁浅事故发生一方的举证责任认定（入库编号：2023-10-2-230-008，入库日期：2024年2月20日）。

某财产保险股份有限公司分公司诉吴某保险人代位求偿权案——保险人向第三者追偿时保险事故损失程度的举证责任分配（入库编号：2024-08-2-333-009，入库日期：2024年3月7日）。

（8）鉴定问题（2例）

顾某诉某财产保险股份有限公司无锡分公司财产保险合同纠纷案——单方委托鉴定的效力法院能否认定（入库编号：2024-08-2-333-003，入库日期：2024年2月24日）。

鲁某某诉贾某、某保险公司等财产保险合同纠纷案——鉴定机构要求撤回已被采信的鉴定意见的处理（入库编号：2023-16-2-333-003，入库日期：2024年2月25日）。

（9）保险价值（1例）

青岛某渔业公司诉某保险公司海上保险合同纠纷案——不定值海上保险合同下保险价值的认定问题（入库编号：2023-10-2-230-001，入库日期：2024年2月20日）。

（10）近因原则（2例）

日照某粮油有限公司诉某财产保险股份有限公司海上保险合同纠纷案——海上保险近因原则的适用（入库编号：2023-10-2-230-011，入库日期：2024年2月22日）。

邢某、郭某诉某保险公司人身保险合同纠纷案——保险案件中，近因原则在保险责任承担中的运用（入库编号：2023-08-2-334-005，入库日期：2024年2月24日）。

（11）保险责任期间（1例）

某有限公司连云港分公司诉某财产保险股份有限公司连云港市分公司海上、通海水域保险合同纠纷案——PICC"仓至仓条款"中保险责任期间终止的认定（入库编号：2023-10-2-230-007，入库日期：2024年2月20日）。

（12）保险责任范围（4例）

某集团有限公司诉某保险公司海上保险合同纠纷案——海上保险中保险人保险责任范围的确定（入库编号：2023-10-2-230-009，入库日期：2024年2月20日）。

某公司诉某保险公司财产保险合同纠纷案——被保险人财产损失已经由政府予以补偿的，不得要求保险公司重复赔偿以获得额外收益（入库编号：2023-08-2-333-005，入库日期：2024年2月23日）。

仇某诉某保险公司人身保险合同纠纷案——因同一保险事故被保险人要求各保险人支付的保险金超过实际发生的医疗费用的，人民法院不予支持（入库编号：2024-08-2-334-002，入库日期：2024年2月23日）。

某矿产资源有限公司诉中国某财产保险股份有限公司浙江分公司海上保险合同纠纷案——共同海损理算程序未启动不影响保险赔偿承担（入库编号：2024-10-2-230-001，入库日期：2024年2月24日）。

（13）双重赔偿（1例）

郭某某诉广西某船务有限公司船员劳务合同纠纷案——工伤保险待遇与商业保险的双重赔偿适用问题（入库编号：2023-10-2-139-001，入库日期：2024年2月23日）。

（14）重复保险（1例）

葡萄牙某保险有限公司诉某财产保险股份有限公司海上保险合同

纠纷案——海上重复保险分摊纠纷的审查要件（入库编号：2023-10-2-230-003，入库日期：2024年2月20日）。

（15）意外伤害保险项下法律适用（3例）

鲁某某、高某某诉某人寿保险公司人身保险合同纠纷案——"有利法律溯及既往"原则指导下协调解决新旧保险法关于受益权丧失规定的差异问题（入库编号：2024-08-2-334-005，入库日期：2024年2月24日）。

何某等诉某人寿保险股份有限公司上海分公司人身保险合同纠纷案——猝死事故属于意外伤害保险的保险责任范围（入库编号：2024-08-2-334-006，入库日期：2024年2月24日）。

翟某某诉宋某某海上人身损害责任纠纷案——接受劳务一方为提供劳务一方投保人身意外伤害保险的，能否免除接受劳务一方应承担的侵权赔偿责任（入库编号：2024-10-2-200-001，入库日期：2024年2月24日）。

（16）交强险项下法律适用（6例）

某财产保险股份有限公司上海分公司诉某财产保险股份有限公司镇江中心支公司等案外人执行异议之诉案——无船承运人保证金责任保险制度及现行保险条款的效力分析（入库编号：2023-10-2-471-004，入库日期：2024年2月22日）。

吴某某诉某保险公司机动车交通事故责任纠纷案——交强险和商业三者责任保险中"第三者"的认定（入库编号：2023-16-2-374-008，入库日期：2024年2月22日）。

万某诉某财产保险股份有限公司高新支公司财产保险合同纠纷案——保险公司是否可因投保人驾驶家用车辆在上下班途中用顺风车平台接单行为拒绝承担赔付责任的认定（入库编号：2023-08-2-333-

004，入库日期：2024年2月23日）。

某保险支公司诉陈某某、杨某某、朱某某及林某某机动车交通事故责任纠纷案——以家庭自用车辆投保从事网约车营运的保险责任认定（入库编号：2023-16-2-374-010，入库日期：2024年2月24日）。

胡某树诉某保险公司、蓝某平等生命权、身体权、健康权纠纷案——交通事故赔偿协议履行后，基于侵权责任产生的权利义务已终结（入库编号：2023-16-2-001-008，入库日期：2024年2月25日）。

上海某建筑工程有限公司诉某财产保险股份有限公司上海分公司等财产保险合同纠纷案——用于起重的特种车辆在作业时发生责任事故，可以比照适用《机动车交通事故责任强制保险条例》予以赔付（入库编号：2024-08-2-333-012，入库日期：2024年6月13日）。

（17）责任保险项下法律适用（6例）

某财产保险股份有限公司航运保险事业营运中心诉某财产保险股份有限公司航运保险中心海上、通海水域保险合同纠纷案——责任保险项下被保险人"怠于请求"的判断标准（入库编号：2023-10-2-230-004，入库日期：2024年2月20日）。

定远县某学校诉中国平安财产保险股份有限公司某中心支公司保险纠纷案——寄宿生上下学途中伤亡校方责任险是否赔偿（入库编号：2023-08-2-500-001，入库日期：2024年2月23日）。

某环境公司诉某保险公司保险纠纷案——雇主责任险合同条款"实质性变更"的认定标准（入库编号：2023-08-2-500-003，入库日期：2024年2月23日）。

何某某等诉某保险公司责任保险合同纠纷案——责任保险被保险人怠于请求赔偿保险金，第三者有权直接起诉保险人（入库编号：2024-08-2-334-003，入库日期：2024年2月24日）。

田某某诉某保险股份有限公司北京市某支公司责任保险合同纠纷案——责任保险中保险事故发生日的确定（入库编号：2024-08-2-333-014，入库日期：2024年6月13日）。

江苏某建设工程有限公司诉某保险股份有限公司海上保险合同纠纷案——船舶责任险应以责任确定之日为诉讼时效期间起算点（入库编号：2024-10-2-230-003，入库日期：2024年6月13日）。

（18）再保险项下法律适用（1例）

南京某保险公司诉上海某保险公司再保险合同纠纷案——根据保险的具体形式准确区分共同保险与再保险法律关系（入库编号：2023-10-2-335-001，入库日期：2024年2月22日）。

（19）保险人代位求偿权的法律适用（4例）

某财产保险股份有限公司无锡分公司诉常某某追偿权纠纷案——诉讼保全责任险作为财产保全担保方式时保险人对保全申请人担保追偿权的司法认定（入库编号：2024-08-2-143-001，入库日期：2024年2月23日）。

某财险公司诉某科技公司、某塑胶公司、某医疗公司、某装备公司保险人代位求偿权纠纷案——保险人代位求偿对象中"组成人员"之界定（入库编号：2024-08-2-333-004，入库日期：2024年2月24日）。

台湾地区某保险公司诉某洋某海运公司、某明某海运公司、林某熙、张某船舶碰撞损害责任纠纷案——境外保险人代位求偿权的法律适用及平行诉讼处理（入库编号：2024-10-2-193-002，入库日期：2024年2月24日）。

某财产保险股份有限公司北京市分公司诉被告某（上海）传动系统有限公司保险人代位求偿权纠纷案——保险人代位求偿权纠纷中保

险人应承担产品质量缺陷的举证责任（入库编号：2024-08-2-333-013，入库日期：2024年6月13日）。

（20）申请保全人保全错误的过错判断依据（3例）

西安某置业有限公司诉成都某贸易有限公司、某保险股份有限公司汉中市分公司因申请诉中财产保全损害责任纠纷案——不能仅以保全申请人的诉讼请求是否得到法院支持作为判断申请保全是否存在过错的依据（入库编号：2023-16-2-392-003，入库日期：2024年2月22日）。

李某某诉某节能公司、某财保青岛分公司因申请财产保全损害责任纠纷案——因申请财产保全损害责任纠纷中，原告应当证明其遭受损失及该损失与被告申请财产保全之间存在因果关系（入库编号：2023-07-2-392-001，入库日期：2024年2月23日）。

某石化工贸有限公司诉新疆某（集团）有限责任公司申请财产保全损害责任纠纷案——判断申请保全人是否有过错不能仅以其诉讼请求能否得到人民法院生效判决支持为判断依据（入库编号：2024-16-2-392-001，入库日期：2024年2月24日）。

（21）生态环境侵权责任纠纷案件中保险人责任（3例）

江西省遂川县生态环境局诉某和财保荆门公司等机动车交通事故责任纠纷案——危险货物运输机动车交通事故致环境污染损害赔偿责任的认定和承担（入库编号：2023-11-2-374-001，入库日期：2024年2月22日）。

某生态环境局诉金某、某物流公司等环境污染责任纠纷案——商业三者险对于行政机关代履行的道路交通事故环境污染处置费用应予以赔偿（入库编号：2023-11-2-377-001，入库日期：2024年2月22日）。

张某等 12 户农户诉某运输公司、李某、罗某、某盐矿、某保险公司等盐卤水泄露环境污染责任纠纷案——生态环境侵权责任纠纷案件中人身、财产损害赔偿数额的合理认定（入库编号：2024-11-2-377-007，入库日期：2024 年 6 月 25 日）。

（22）保险代理人责任（2 例）

某保险公司诉高某保险代理合同纠纷案——保险代理人违规销售应在过错范围内承担损失赔偿责任（入库编号：2023-08-2-337-001，入库日期：2024 年 2 月 23 日）。

徐某栋、朱某华职务侵占案——保险代理人作为职务侵占犯罪主体的认定（入库编号：2023-05-1-226-009，入库日期：2024 年 2 月 24 日）。

（23）诈骗罪（4 例）

温某保险诈骗案——网络交易中"材质保真险"诈骗行为的认定（入库编号：2023-03-1-141-001，入库日期：2024 年 2 月 20 日）。

江某、余某灵、陈某保险诈骗、诈骗案——带领侦查人员抓捕同案犯，但并未当场捕获的，不当然阻却立功的认定（入库编号：2023-05-1-141-001，入库日期：2024 年 2 月 20 日）。

温某甲等保险诈骗案——新型险种是否属于保险诈骗罪的"保险"的认定（入库编号：2023-04-1-141-001，入库日期：2024 年 2 月 22 日）。

李某等诈骗案——盗窃他人医保卡、身份证报销住院医疗费用的行为定性（入库编号：2024-05-1-222-005，入库日期：2024 年 2 月 23 日）。

（三）涉保险专门法院设立及保险类纠纷审判情况

保险是金融重要组成部分，金融是实体经济的血脉，是社会发展的润滑剂，是国家重要核心竞争力。为推进国家金融战略实施，健全完善金融审判体系，加大金融司法保护力度，营造良好金融法治环境，促进经济和金融健康发展，金融法院作为中国司法系统继互联网法院、知识产权法院之后的又一大制度性创新，应时而生。

目前，全国已经设立了上海金融法院（2018年4月27日设立）、北京金融法院（2021年1月22日设立）、成渝金融法院（2022年2月28日设立）3家金融法院。其中上海金融法院管辖上海市辖区内应由中级人民法院受理的第一审金融民商事案件及其他金融纠纷案件，详见《最高人民法院关于上海金融法院案件管辖的规定》（法释〔2018〕14号）；北京金融法院管辖北京市辖区内应由中级人民法院受理的第一审金融民商事案件及其他金融纠纷案件，详见《最高人民法院关于北京金融法院案件管辖的规定》（法释〔2021〕7号）；成渝金融法院管辖重庆市以及四川省属于成渝地区双城经济圈范围内的应由中级人民法院受理的第一审金融民商事案件及其他金融纠纷案件，详见《最高人民法院关于成渝金融法院案件管辖的规定》（法释〔2022〕20号）。

金融法院在审理大量保险类案件的同时，定期向社会通报保险类案件审判执行情况，梳理保险类案件审判中存在的问题并给出建议，推广成熟的经验和做法，不断优化金融法治环境。

上海金融法院于2024年4月2日发布了《上海金融法院审判工作情况通报（2023年）》。该白皮书显示，2023年，上海金融法院共受理各类金融案件7410件，审结7411件。新收案件中，保险类案件共计386件，占比8.37%。该白皮书梳理了保险类案件特点与态势，分析了互联网平台类保险、用工类团体险、复合型保险产生纠纷的原因，向监管部门、保险机构和互联网平台提出了建议。

成渝金融法院于 2024 年 1 月 31 日发布了《成渝金融法院审判执行工作白皮书（2023 年度）》。该白皮书显示，2023 年度，成渝金融法院共受理各类金融案件 12243 件，审结 9371 件，案件数量整体按季呈明显递增趋势。受理的诉讼案件中，金融借款合同纠纷、保险纠纷案件占比达 60%。该白皮书还针对保险合同中存在互联网保险销售行为可回溯管理缺失、保险产品与保险需求不匹配、"强制搭售"现象时有发生等问题，向保险机构、商业银行提出了建议。

北京金融法院于 2022 年 11 月 9 日发布了《北京金融法院保险类纠纷审判白皮书》，系金融法院首次发布的专门针对保险类纠纷审判的白皮书。该白皮书显示，2021 年 3 月 18 日至 2022 年 11 月 4 日间，北京金融法院共受理保险类案件 677 件，占全部民商事案件 7.75%，涉及保险公司共计 41 家。该白皮书还详细梳理了保险类纠纷案由分布情况、保险公司败诉理由，就如何服务保险行业新发展、推进保险行业治理规范化提出了建议，同时就常见的保险合同效力、保险赔偿范围、保险代位求偿权、涉车辆保险诈骗审查相关提示等争议问题进行了分析，并给出了具体意见。

**（四）全国法院海上、通海水域保险合同纠纷案件审判情况**

海事法院是我国审理海事和海商案件的专门法院，上诉法院为所在省高级人民法院。自 1984 年 6 月 1 日首批六家海事法院（上海、天津、青岛、大连、广州、武汉海事法院）设立以来，目前全国共有十一家海事法院（后续设立的五家海事法院情况如下：海口、厦门海事法院于 1990 年 3 月 2 日设立，宁波海事法院于 1992 年 12 月 4 日设立，北海海事法院于 2019 年 12 月 6 日设立，南京海事法院于 2019 年 2 月 18 日设立）。四十年来，全国海事法院及其上诉高院、最高人民法院审结了一大批涉外涉保险案件，为"一带一路"、长江经济带、长江大保护、西部陆海新通道建设、成渝地区双城经济圈建设、国家海洋强国建设和国际海事司法中心建设等国家重大战略实施贡献了海事司法力量。下文数据来源于中国海事审判网。

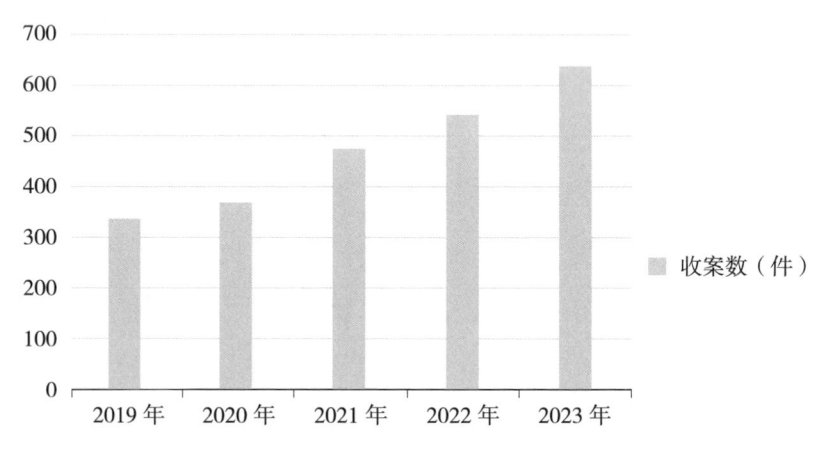

1. 2019—2023 年全国法院海上、通海水域保险合同纠纷案件审理情况

（1）全国法院新收海上、通海水域保险合同纠纷案件情况

2019 年，全国法院新收海事海商案件 21563 件，其中海上、通海水域保险合同纠纷案件 337 件，占比 1.56%。2020 年，全国法院新收海事海商案件 18757 件，其中海上、通海水域保险合同纠纷案件 370 件，占比 1.97%。2021 年，全国法院新收海事海商案件 21392 件，其中海上、通海水域保险合同纠纷案件 475 件，占比 2.22%。2022 年，全国法院新收海事海商案件 21243 件，其中海上、通海水域保险合同纠纷案件 541 件，占比 2.55%。2023 年，全国法院新收海事海商案件 22817 件，其中海上、通海水域保险合同纠纷案件 636 件，占比 2.79%。

图 3-1 2019—2023 年，全国法院新收海上、通海水域保险合同纠纷案件情况

（2）全国法院审结海上、通海水域保险合同纠纷案件情况

2019 年，全国法院审结海事海商案件 22306 件，其中海上、通海

水域保险合同纠纷案件378件，占比1.69%。2020年，全国法院审结海事海商案件18971件，其中海上、通海水域保险合同纠纷案件385件，占比2.03%。2021年，全国法院审结海事海商案件19911件，其中海上、通海水域保险合同纠纷案件425件，占比2.13%。2022年，全国法院审结海事海商案件20808件，其中海上、通海水域保险合同纠纷案件472件，占比2.27%。2023年，全国法院审结海事海商案件22888件，其中海上、通海水域保险合同纠纷案件681件，占比2.98%。

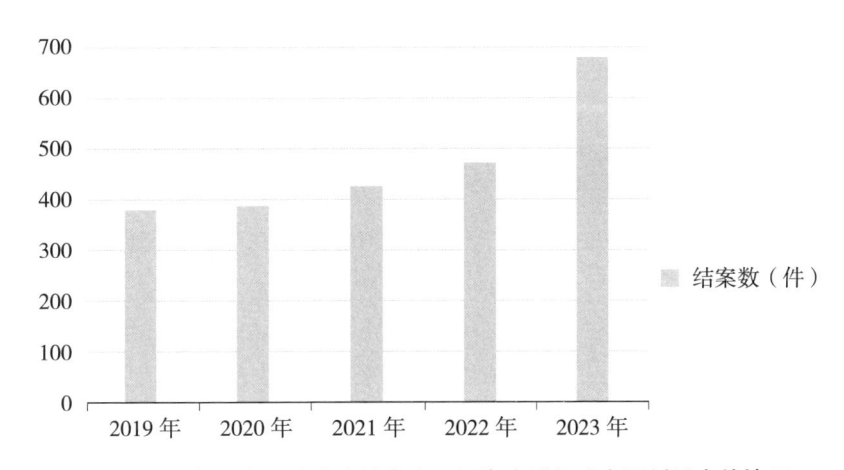

图3-2　2019—2023年，全国法院审结海上、通海水域保险合同纠纷案件情况

上述数据可见，自2019年以来，无论是新收案件数、结案数，还是在海事案件总数的占比，海上、通海水域保险合同纠纷案件均呈现逐年攀升的趋势，特别是自2020年开始，增幅明显。

2. 2019—2023年全国法院审结海上、通海水域保险合同纠纷案件调解、撤诉情况

2019年，全国法院共调解、撤诉结案海上、通海水域保险合同纠纷案件155件，调撤率41%。2020年，全国法院共调解、撤诉结案海上、通海水域保险合同纠纷案件111件，调撤率28.83%。2021年，全国法院共调解、撤诉结案海上、通海水域保险合同纠纷案件210件，调

撤率 49.41%。2022 年，全国法院共调解、撤诉结案海上、通海水域保险合同纠纷案件 211 件，调撤率 44.7%。2023 年，全国法院共调解、撤诉结案海上、通海水域保险合同纠纷案件 234 件，调撤率 34.36%。

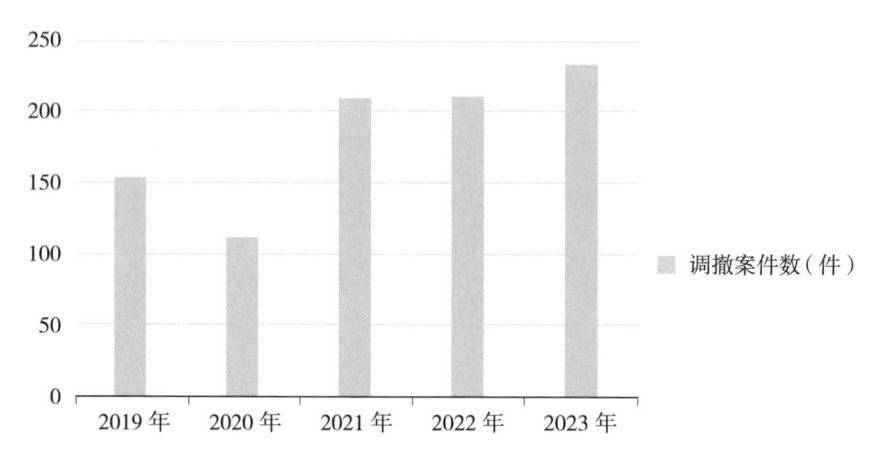

图 3-3　2019—2023 年，全国法院审结海上、通海水域保险合同纠纷案件调解、撤诉情况

以上数据可见，自 2019 年以来，全国法院审结的海上、通海水域保险合同纠纷案件中，调解、撤诉案件数总体呈上升趋势，海事法院在保险类案件审理过程中越来越注重调解工作的运用，并已初显成效。

## 二、检察机关积极履行法律监督职责

### （一）加大惩治和预防保险违法犯罪力度

检察机关高度重视惩治和预防保险违法犯罪工作。1998 年 11 月 27 日，最高人民检察院《关于保险诈骗未遂能否按犯罪处理问题的答复》（〔1998〕高检研发第 20 号）指出："行为人已经着手实施保险诈骗行为，但由于其意志以外的原因未能获得保险赔偿的，是诈骗未遂，情节严重的，应依法追究刑事责任。"2010 年最高人民检察院、公安部联合发布的《关于公安机关管辖的刑事案件立案追诉标准的规定（二）》第五十六条规定："进行保险诈骗活动，涉嫌下列情形之一的，应予立案追诉：（一）个人进行保险诈骗，数额在一万元以上的；（二）单位进行保险诈骗，数额在五万元以上的。"为适应新时期打击经济犯罪案件工作需要，服务保障经济社会高质量发展，根据《中华人民共和国刑法》《中华人民共和国刑事诉讼法》等法律规定，2022年最高人民检察院、公安部研究修订了《关于公安机关管辖的刑事案件立案追诉标准的规定（二）》，其中第五十一条规定："进行保险诈骗活动，数额在五万元以上的，应予立案追诉。"

据统计，2023年全国检察机关起诉保险等金融诈骗、破坏金融管理秩序犯罪2.7万人。对涉众型金融犯罪保持高压态势，依法从严追诉2.4万人，规范和明确检察机关职责，尽最大努力追赃挽损。①

**（二）高质效办理保险领域民事监督案件**

民事检察是检察院对法院的民事诉讼活动进行法律监督、保障民事法律统一正确实施的重要手段，是中国特色社会主义检察制度的组成部分。检察机关加强对保险领域纠纷案件的监督。据统计，近两年来，全国检察机关受理保险等涉金融民事纠纷类案件4800余件，提出抗诉240余件，提出再审检察建议270余件。②

最高人民检察院通过发布指导性案例，引导各级检察机关加强对保险领域诉讼的监督。例如，江西熊某等交通事故保险理赔虚假诉讼监督案（检例第56号）中，最高人民检察院认为，假冒原告名义提

---

① 最高人民检察院：《刑事检察工作白皮书（2023）》，https：//www.spp.gov.cn/xwfbh/wsfbh/202403/t20240309_648173.shtml. 2024年9月29日访问。

② 最高人民检察院：《民事检察工作白皮书（2023）》，https：//www.spp.gov.cn/xwfbh/wsfbh/202403/t20240309_648177.shtml. 2024年9月29日访问。

起诉讼，采取伪造证据、虚假陈述等手段，取得法院生效裁判文书，非法获取保险理赔款，构成虚假诉讼；检察机关在履行职责过程中发现虚假诉讼案件线索，应当强化线索发现和调查核实的能力，查明违法事实，纠正错误裁判。

检察机关充分利用数字手段，助推保险领域民事检察监督向纵深发展。例如，河南省平顶山市新华区检察院自主研发的"重疾类商业保险诈骗法律监督模型"正式上架最高人民检察院大数据法律监督模型平台，以"个案办理—类案监督—系统治理"为基本路径，以大数据赋能检察融合履职，通过制发检察建议、开展警示教育、会同约谈等方式，督促医疗机构、保险公司加强管理、监督，为有效推动社会综合治理贡献更多智慧。

2023年是毛泽东同志批示学习推广"枫桥经验"60周年暨习近平总书记指示坚持发展"枫桥经验"20周年。为探索深入践行新时代"枫桥经验"，检察机关直面问题和困难，对保险纠纷案件进行听证座谈，开展矛盾纠纷实质性化解工作。

### （三）积极推进与行政执法双向衔接机制

2023年最高人民检察院发布《关于充分发挥检察职能作用 依法服务保障金融高质量发展的意见》。该意见指出："加强地方各级人民检察院与中央金融管理部门地方派出机构、地方金融监督管理有关职能机构的联络协调机制建设，探索完善金融领域执法司法线索通报、信息共享、证据移送、案件协调、专业支持等协作机制。建立健全与金融监督管理部门的行刑双向衔接工作机制，依法监督金融监管部门向公安机关移送涉嫌犯罪案件，对不起诉案件需要给予行政处罚的，及时向金融监管部门提出检察意见，完善案件处理信息通报机制。"

2024年国家金融监督管理总局印发《反保险欺诈工作办法》（金

规〔2024〕10号）。该办法第二十九条规定："金融监管总局及其派出机构应建立健全与公安机关、人民检察院、人民法院之间反欺诈行政执法与刑事司法衔接机制，在统一法律适用、情况通报、信息共享、信息发布、案件移送、调查取证、案件会商、司法建议等方面加强合作。"第三十条规定："金融监管总局及其派出机构发现欺诈违法事实涉嫌犯罪的，应根据行政执法机关移送涉嫌犯罪案件的相关规定，及时将案件线索移送公安机关，并将案件移送书抄送同级人民检察院。涉嫌公职人员职务犯罪的，及时移送纪检监察机关。金融监管总局及其派出机构应加强与公安机关、人民检察院执法联动，针对重点领域、新型、重大欺诈案件，开展联合打击或督办。"

**（四）发挥公益诉讼检察职能服务保障保险高质量发展**

公益诉讼既是国家治理体系的重要组成部分，也是检察机关加强法律实施监督的具体举措。2023年最高人民检察院发布的《关于充分发挥检察职能作用 依法服务保障金融高质量发展的意见》指出："探索拓展金融检察公益诉讼案件范围。有效衔接金融消费者保护工作协调机制和金融消费纠纷多元化解机制，重点防范普惠金融、养老金融领域消费欺诈，督促强化网络治理、源头管控。"作为国家利益和社会公共利益的代表，检察机关保护消费者合法权益具有深厚理论基础，积累了丰富实践经验。针对保险行业专业性强、更新快等特点，要求检察机关在认定是否侵害国家利益或社会公共利益时，充分吸纳保险行业监管部门的意见。在保护措施方面，检察机关应探索建立诉前保全等措施，以有效保障保险消费者权益。[①]

---

[①] 卢彦汝：《探索推进金融领域公益诉讼 保护金融消费者合法权益》，载《检察日报》2024年9月13日。

### 三、公安机关打击违法犯罪行为

公安机关历来重视打击保险领域违法犯罪行为。针对保险诈骗案件呈现出团伙化、组织性、隐蔽性和跨区域特征，迅速应对这些挑战，需要各部门间紧密合作。公安机关与国家金融监督管理总局等部门之间的行刑衔接工作机制已初步建立，形成了强大的合力。国家金融监督管理总局发布的《反保险欺诈工作办法》（金规〔2024〕10号）第五章"反欺诈各方协同"中，专门对金融监管总局及其派出机构与公安机关之间情况通报、信息共享、信息发布、案件移送、调查取证、案件会商等方面加强合作作出了要求。据统计，2021年至2024年4月，在金融监管部门的支持协助下，全国公安经侦部门持续开展保险诈骗犯罪打击工作，共计破获保险诈骗案件近2000起，打掉犯罪团伙近600个。[①]

2024年4月底至11月底，公安部经济犯罪侦查局会同国家金融监督管理总局稽查局开展为期7个月的保险诈骗犯罪专项打击。各地公安机关强力推进保险欺诈犯罪专项打击工作，打击保险诈骗犯罪成效凸显。公安经侦部门对150多起重特大保险诈骗犯罪案件立案侦查，打掉保险诈骗犯罪团伙近50个，涉案金额近5亿元。[②]

---

[①] 张晨：《公安机关强力推进保险欺诈犯罪专项打击工作 完善行刑衔接机制应对犯罪新趋势》，载《法治日报》2024年8月15日，第6版。

[②] 公安部：《全国保险诈骗犯罪专项打击现场推进会召开》，https://www.mps.gov.cn/n2254098/n4904352/c9784982/content.html. 2024年9月30日访问。

# 第四章 保险机构加强自律管理

## 一、加强组织机构建设

### （一）保险行业自律组织建设的现状

保险行业自律在减少社会交易成本、降低政府监管费用、保护消费者权益、维护保险市场秩序与增加保险市场活力等方面发挥着重要作用。保险行业自律的制度功能主要是通过保险行业协会实现的。

2001年2月23日成立的中国保险行业协会是中国保险业的全国性自律组织，是自愿结成的非营利性社会团体法人。中国保险行业协会最高权力机构是会员大会。理事会是会员大会的执行机构。中国保险行业协会实行专职会长负责制，由专职会长负责协会日常工作。中国保险行业协会通过每年度召开理事会（常务理事会）会议的形式共同商讨协会的工作，下设车险专业委员会、非车财产保险专业委员会、人身保险专业委员会、养老保险专业委员会、健康保险专业委员会、保险中介专业委员会、银行保险专业委员会、保险营销专业委员会、资金运用专业委员会、保险科技专业委员会、统计研究专业委员会、清廉文化建设与法律合规专业委员会、反保险欺诈专业委员会、消费者权益保护专业委员会、公司治理与内审专业委员会、财会专业委员会、人力资源专业委员会、教育培训专业委员会、团体标准专业委员会、外资保险机构专业委员会、地方协会专业委员会、乡村振兴专业委员会、声誉风险管理专业委员会、互联网保险专业委员会（筹）等24个专业委员会，各专业委员会的日常工作由中国保险行业协会相关部门承担。

目前我国已经形成了比较系统完备的全国保险行业协会自律组织和地方保险行业协会自律组织体系。我国《保险法》第一百八十二条规定："保险公司应当加入保险行业协会。保险代理人、保险经纪人、保险公估机构可以加入保险行业协会。"截至2023年12月31日，中国保险行业协会共有会员352家，其中，保险集团（控股）公司13家，财产保险公司87家，人身保险公司96家，再保险公司14家，资产管理公司18家，保险中介机构70家，地方保险协会（含中介协会）43家，保险相关机构11家。[①]

中国保险行业协会自成立以来积极履行职责，强化保险公司内部约束和保险行业自律管理，为保险业持续健康发展保驾护航。2007年12月17日，中国保险行业协会制定了较为细致的《中国保险行业协会章程》。该章程分八章，分别为总则、职责范围、会员、组织机构和负责人产生、罢免、资产管理和使用原则、章程的修改程序、终止程序及终止后的财产处理、附则。该章程一方面促使保险行业依法合规经营，组织会员签订自律公约，制定自律规则，约束不正当竞争行为，维护公平有序的市场环境；另一方面，依据有关法律法规和保险业发展情况，组织制定行业标准、技术和服务规范、行规行约。例如，2022年6月8日，中国保险行业协会公布《保险公司投资管理能力信息披露自律管理准则（试行）》。该准则对保险公司投资管理能力信息披露中自律管理的工作机制、自评估、披露内容及要求、从业人员

---

[①] 中国保险行业协会：《中国保险行业协会简介》，https://www.iachina.cn/col/col12/index.html，2024年2月13日访问。

管理和自律措施等进行了规范。2023年12月13日，《保险机构环境、社会和治理信息披露指南》发布，这是国内首个聚焦保险行业环境、社会与治理信息披露，即ESG信息披露框架和内容的行业自律性文件。2024年1月16日，《保险机构资金运用关联交易自律规则》和《保险公司资金运用关联交易管理制度标准》公布，将保险机构资金运用关联交易纳入自律管理。该自律规则和制度标准的发布与实施，将提升保险机构资金运用关联交易制度的完备性，是协会发挥行业自律职能，辅助保险资金运用监管的举措。

**（二）保险行业自律组织建设的强化**

多年来，中国保险行业协会秉承"服务"宗旨，发挥"自律、维权、服务、交流"的职能，为提高行业自律意识，强化行业自律行为，规范行业竞争秩序发挥了积极作用，在协调政府与行业的关系，维护会员单位和行业的正当权益，促进国内外同业的交流与合作，以及宣传、树立行业良好形象方面，做出了富有成效的工作。为更好履行职能，可从以下方面强化保险行业协会自律组织建设。

1. 推进保险行业协会规范化建设

一是设置完备的行业协会组织机构。为规范行业协会的组织机构建设，行业协会应聘请专业化、职业化的保险从业人员。如我国香港保险业联合会实行市场化运作，秘书处共有29人，均向社会招聘；保险代理登记委员会由7名成员组成，其中4名是非保险业的独立专业人士，其余3名来自业界，以此保证委员会的公信力，委员会主席须为非保险业人士；上诉裁判处共有11位成员，其中6位来自法律界；每宗上诉由3位成员审理，主席为来自法律界的委员。[①] 为更好

---

[①] 李毅文、万江海、黄若霖等：《新形势下保险社团组织的功能及其创新——以泉州市保险行业协会为例》，载《福建金融》2017年第3期。

地发挥自律监管职能,保险行业协会应实现人员配置的科学化、规范化。二是制定各项自律文件,建立健全自律违约惩戒机制。保险行业协会自律公约对全体会员均具有约束力,是自律管理的重要文件。保险行业协会通过制定涉及各主要保险产品和从业人员规范方面的多项自律性文件,如保险产品、保险价格、手续费等内容的规范管理,指导、约束从业人员的营销行为,防止盲目、无序地竞争,切实保证保险市场的公开、公平和公正。在订立自律协议、行业服务标准等时,有必要对违规者制定具体的处罚制度。如我国台湾地区产物保险公会依据"保险法"在其章程第15条规定,对于违反章程、自律规范、公约或决议的会员,视情节轻重,提经理事会通过后,予以警告、停权、罚款三种处分。[①] 三是重视保险行业文化建设,强化保险行业自律管理理念。保险业必须发展"诚信为本,操守为重"的优秀行业文化,通过行业教育和宣传,弘扬诚实守信的职业道德,将诚实合规经营的强制性要求转化为会员单位的自觉意识和自觉行动,保证保险业合规运行。

2. 合理确立保险行业自律组织的地位

其一,保险行业自律组织辅助国家金融监督管理总局的监管工作。保险行业协会应及时向监管部门和政府有关部门反映保险市场存在的风险与问题,并提出意见和建议。其二,保险行业自律组织帮助保险公司的业务开展。保险公司是保险行业自律组织的会员单位,保险行业自律组织可利用自身优势,组织会员间的业务、数据、技术和经验交流,促进资源共享、共同发展,同时,也要协调会员之间、会员与从业人员之间的关系,调处矛盾,营造健康和谐的行业氛围。其三,

---

[①] 李毅文、万江海、黄若霖等:《新形势下保险社团组织的功能及其创新——以泉州市保险行业协会为例》,载《福建金融》2017年第3期。

保险行业自律组织之间互相配合。一方面，协调各地保险行业协会之间的工作。另一方面，加强与其他相关社会组织的沟通与协调，促进行业对外交流。①

## 二、加强合规管理

### （一）构建保险公司合规管理的规范体系

2004年，中国平安保险(集团)股份有限公司成立了"法律合规部"，率先在保险业中开始合规管理的实践。2006年，中国人寿保险股份有限公司也设立了单独的"内控合规部"。其后，国内诸多保险公司纷纷设立了"法律合规部"或"合规部"。

在规范上，2006年1月5日，保监会发布了《关于规范保险公司治理结构的指导意见（试行）》（保监发〔2006〕2号），首次要求"保险公司建立合规管理机制，并对保险公司遵守法律法规、监管规定和内部管理制度的情况定期进行检查评估"。为落实该指导意见的要求，2007年9月7日，保监会公布了《保险公司合规管理指引》（保监发〔2007〕91号）。该指引共37条，分为总则，董事会、监事会和总经理的合规职责，合规负责人和合规管理部门，合规管理，合规管理的外部监管，附则六章。保险公司按照该指引的要求积极开展合规管理实践，在初步树立合规理念、建立合规管理体系等方面都取得了进步。但仍然存在一些问题：一是合规管理的组织框架需要进一步优化。董事会、监事会和总经理的合规职责不够明确；合规负责人和合规管理部门的权利义务不够合理；业务部门的合规职责操作性不强，责任弱化。二是分支机构的合规管理需要加强。保险公司分支

---

① 周红雨：《浅议我国保险行业自律组织的发展》，载《保险研究》1999年第8期。

机构设独立合规部门的较少，人员配备普遍不足（例如，某公司分公司的合规岗仅有两人），专业性不够强，与分支机构所承担的合规管理责任不相匹配。三是合规保障需要强化。合规管理的技术手段相对落后，未充分发挥"互联网+""大数据"等技术作用，严重影响合规效果。[1]

为进一步完善保险公司合规管理制度，提高保险合规监管工作的科学性和有效性，2016年12月30日保监会发布《保险公司合规管理办法》（保监发〔2016〕116号）（以下简称《合规办法》）。《合规办法》于2017年7月1日起施行，2008年1月1日开始施行的《保险公司合规管理指引》同时废止。《合规办法》共42条，仍分为以下六章：总则，董事会、监事会和总经理的合规职责，合规负责人和合规管理部门，合规管理，合规的外部监督，附则。

### （二）建立"三道防线"的保险公司合规管理框架

《合规办法》确立了"三道防线"的保险公司合规管理框架。要求保险公司业务部门和分支机构、合规管理部门和合规岗位、内部审计部门共同组成合规管理的"三道防线"，各自履行相应合规管理职责。

首先，保险公司各部门和分支机构是合规管理的第一道防线，对其职责范围内的合规管理负有直接和第一位的责任。保险公司各部门和分支机构应当主动进行日常的合规管控，定期进行合规自查，并向合规管理部门或者合规岗位提供合规风险信息或者风险点，支持并配合合规管理部门或者合规岗位的合规风险监测和

---

[1] 梁涛：《深入贯彻落实〈保险公司合规管理办法〉全面提升保险公司合规管理能力》，http://www.iachina.cn/art/2017/5/30/art_582_2706.html. 2024年5月1日访问。

评估。

其次，保险公司合规管理部门和合规岗位履行合规管理的第二道防线职责。合规管理部门和合规岗位应当按照《合规办法》规定的职责，向公司各部门和分支机构的业务活动提供合规支持，组织、协调、监督各部门和分支机构开展合规管理各项工作。

再次，保险公司内部审计部门履行合规管理的第三道防线职责，定期对公司的合规管理情况进行独立审计。同时，保险公司应当在合规管理部门与内部审计部门之间建立明确的合作和信息交流机制。内部审计部门在审计结束后，应当将审计情况和结论通报合规管理部门；合规管理部门也可以根据合规风险的监测情况主动向内部审计部门提出开展审计工作的建议。

**（三）健全保险公司合规管理运行机制**

一是提高合规负责人、合规部门的独立性和权威性。能否确保合规负责人、合规部门的独立性和权威性，是保证合规管理目标能否达到的关键一环。对此，保险公司应严格落实《合规办法》要求，确保合规管理部门和合规岗位的独立性，并对其实行独立预算和考评。合规管理部门和合规岗位应当独立于业务、财务、资金运用和内部审计部门等可能与合规管理存在职责冲突的部门。为有效保障合规负责人、合规管理部门和合规岗位履行职责，其享有以下权利：（1）为了履行合规管理职责，通过参加会议、查阅文件、调取数据、与有关人员交谈、接受合规情况反映等方式获取信息；（2）对违规或者可能违规的人员和事件进行独立调查，可外聘专业人员或者机构协助工作；（3）享有通畅的报告渠道，根据董事会确定的报告路线向总经理、董事会授权的专业委员会、董事会报告；（4）董事会确定的其他权利。董事会和高级管理人员应当支持合规管理部门、合规岗位和合规人员履行工作职责,并采取措施切实保障合规管理部门、合规岗位和合规人员不因履行职责遭受不公正的对待。

二是建立健全合规审核、合规调查等工作机制。合规审核、合规调查是合规管理工作的两大抓手。按照《合规办法》规定,保险公司合规管理部门应当对下列事项进行合规审核:(1)重要的内部规章制度和业务规程;(2)重要的业务行为、财务行为、资金运用行为和机构管理行为。保险公司合规管理部门应当按照合规负责人、总经理、董事会或者其授权的专业委员会的要求,在公司内进行合规调查。合规调查结束后,合规管理部门应当就调查情况和结论制作报告,并报送提出调查要求的机构。

三是强化分支机构合规管理。各分支机构是保险公司业务增长的主阵地,其合规管理状况的好坏直接关系到保险公司合规管理水平的高低。为此,《合规办法》规定,保险公司各分支机构主要负责人应当根据该办法和公司合规管理制度,落实上级机构的要求,加强合规管理。

四是设置年度合规报告机制。保险公司应于每年4月30日前向保险监管机关提交公司上一年度的年度合规报告。保险公司董事会对合规报告的真实性、准确性、完整性负责。公司年度合规报告应包括以下内容:(1)合规管理状况概述;(2)合规政策的制订、评估和修订;(3)合规负责人和合规管理部门的情况;(4)重要业务活动的合规情况;(5)合规评估和监测机制的运行;(6)存在的主要合规风险及应对措施;(7)重大违规事件及其处理;(8)合规培训情况;(9)合规管理存在的问题和改进措施;(10)其他。

### (四)强化保险公司合规保障机制

一是充实人员配备。为保障保险公司合规管理机制的运行,保险公司应当根据业务规模、人员数量、风险水平等因素为合规管理部门或者合规岗位配备足够的专职合规人员。保险公司总公司和省级分公司应当为合规管理部门以外的其他各部门配备兼职合规人员。有条件的保险公司应当为省级分公司以外的其他分支机构配备兼职合规人员。保险公司应当建立兼职合规人员激励机制，促进兼职合规人员履职尽责。

二是加强合规培训。保险公司应当定期开展系统的教育培训，提高合规人员的专业技能。

三是倡导合规文化。保险公司应当倡导和培育良好的合规文化，努力培育公司全体保险从业人员的合规意识，并将合规文化建设作为公司文化建设的一个重要组成部分。保险公司董事会和高级管理人员应当在公司倡导诚实守信的道德准则和价值观念，推行主动合规、合规创造价值等合规理念，促进保险公司内部合规管理与外部监管的有效互动。

### 三、加强保险消费者权益保护

#### （一）加强保险消费者权益保护的政策和立法概况

在我国的政策和立法中，"保险消费者"概念出现较晚。2013年10月全国人大常委会修订了《消费者权益保护法》，该法第二十八条明确使用了"提供证券、保险、银行等金融服务的经营者"这一表述，同时点明了保险经营者（保险人）对消费者的一系列义务。为配合《消费者权益保护法》的实施，2015年10月国务院法制办公室公布的《关于修改〈中华人民共和国保险法〉的决定（征求意见稿）》中，第一百四十七条直接使用了"保险消费者"一词，并增订了保险消费者的个人信息保护等条款。尽管学界对于"保险消费者"概念存在争议[①]，《保险法》尚未采纳"保险消费者"一词，但加强保险消费者权益保护已成为我国保险领域政策和立法的重要内容之一。

在政策上，2014年《国务院关于加快发展现代保险服务业的若干意见》（国发〔2014〕29号）明确规定"加强保险消费者合法权益保护"。要求推动完善保险消费者合法权益保护法律法规和规章制度；探索建立保险消费纠纷多元化解决机制，建立健全保险纠纷诉讼、仲裁与调解对接机制；加大保险监管力度，监督保险机构全面履行对保险消费者的各项义务，严肃查处各类损害保险消费者合法权益的行为。2014年《中国保监会关于加强保险消费者权益保护工作的意见》（保监发〔2014〕89号）从强化保险公司主体责任、加强信息披露、严厉查处损害消费者合法权益的行为、完善消费者维权机制、提高消费者的保险知识水平和风险意识、发挥相关部门和社会组织协同作用等方面，对加强保险消费者权益保护作了明确规定。2015年《国务院办公厅关于加强金融消费者权益保护工作的指导意见》（国办发〔2015〕81号）对规范金融机构行为提出指导意见，要求保险业机构等金融机构健全金融消费者权益保护机制，建立金融消费者适当性制度，保障金融消费者财产安全权、知情权、自主选择权、公平交易权、依法求偿权、受教育权、受尊重权、信息安全权共八项基本权利，并对保障每项权利提出了具体要求。2019年《中国银保监会关于银行保险机构加强消费者权益保护工作体制机制建设的指导意见》（银保监发〔2019〕38号）对保险机构将消费者权益保护融入公司治理各环节、明确部门履行消费者权益保护职责、强化消费者权益保护决策执行和监督机制、建立消费者权益保护审查机制、完善消费者权益保护内部考核机制、加强

---

[①] 温世扬、范庆荣：《"保险消费者"概念辨析》，载《现代法学》2017年第2期。

和完善消费者权益保护信息披露机制等作了规定。

在立法上，2022年银保监会公布了《银行保险机构消费者权益保护管理办法》，该办法对保护消费者知情权、自主选择权、公平交易权、财产安全权、依法求偿权、受教育权、受尊重权、信息安全权等加以了明确规定，对于保险机构做好消费者权益保护工作机制建设、有效保障消费者合法权益有着重要的指导意义。2023年国家金融监督管理总局发布《保险销售行为管理办法》。通过该办法，明确谁能销售保险产品、怎么销售保险产品、保险机构和保险消费者在保险销售过程中各自要履行哪些义务，从前端对保险销售行为进行全面规范，实现源头治理，更好维护保险消费者合法权益。此外，银保监会于2019年公布的《银行保险违法行为举报处理办法》、2020年颁布的《互联网保险业务监管办法》以及《银行业保险业消费投诉处理管理办法》等规章也对保险消费者权益保护进行了规定。

**（二）保险公司加强对保险消费者权益的保护**

依据上述政策和立法，保险公司承担保护消费者合法权益的主体责任，通过适当程序和措施，在业务经营全过程加强对保险消费者权益的保护。

1. 保护保险消费者知情权：保险销售的信息披露要求

在销售前，保险公司按照真实、准确、完整的原则，在其官方网站、官方APP等官方线上平台公示本公司现有保险产品条款信息和该保险产品说明。保险产品说明应当重点突出该产品所使用条款的审批或者备案名称、保障范围、保险期间、免除或者减轻保险人责任条款以及保单预期利益等内容。在销售中，保险公司以互联网方式销售保险产品的，应当向对方当事人提示本机构足以识别的名称。保险销售人员以面对面方式销售保险产品的，应当向对方当事人出示执业证件；

以非面对面方式销售保险产品的，应当向对方当事人说明本人姓名、所属保险公司或者保险中介机构全称、本人执业证件编号。在销售后，保险公司在核保通过后应当及时向投保人提供纸质或者电子保单，并按照相关政策提供发票。电子保单应当符合国家电子签名相关法律规定。保险公司应当在官方线上平台设置保单查询功能。

2. 保护保险消费者自主选择权、公平交易权：禁止搭售和默选、格式条款的提示与说明

保险公司及其保险销售人员不得使用强制搭售、信息系统或者网页默认勾选等方式与投保人订立保险合同。订立保险合同，采用保险公司提供的格式条款的，保险公司或者受其委托及与其合作的保险中介机构、保险销售人员应当在投保人投保前以适当方式向投保人提供格式条款及该保险产品说明，并就以下内容向投保人作出明确提示：保险产品名称、主要条款、保障范围、保险期间、保险费及交费方式、赔偿限额、免除或者减轻保险人责任的条款、索赔程序、退保及其他费用扣除、人身保险的现金价值、犹豫期、宽限期、等待期、保险合同效力中止与恢复等；投保人违反如实告知义务的后果；保险公司、保险中介机构服务电话，以及咨询、报案、投诉等的途径方式等。

3. 保护保险消费者财产安全权：严格资金收付管理

为保护保险消费者财产安全权，保险公司应加强资金管理，建立资金管理机制，严格按照相关规定进行资金收付管理。保险销售人员不得接受投保人、被保险人、受益人委托代缴保险费、代领退保金、代领保险金，不得经手或者通过非投保人、被保险人、受益人本人账户支付保险费、领取退保金、领取保险金。

4. 保护保险消费者受教育权：介绍保险知识、发布风险提示

保险公司应当以适当方式、通俗易懂的语言定期向公众介绍保险知识、发布保险消费风险提示，重点讲解保险条款中的专业性词语、集中性疑问、容易引发争议纠纷的行为以及保险消费中的各类风险等内容。这有力保障了保险消费者的受教育权。

5. 保护保险消费者信息安全权：个人信息保护

为保护保险消费者信息安全权，保险公司收集消费者个人信息应当向消费者告知收集使用的目的、方式和范围等规则，并经消费者同意，法律法规另有规定的除外。消费者不同意的，保险公司不得因此拒绝提供不依赖于其所拒绝授权信息的保险产品或服务。保险公司不得采取变相强制、违规购买等不正当方式收集使用消费者个人信息。保险公司应当在消费者授权同意等基础上与合作方处理消费者个人信息。处理和使用个人信息的业务和信息系统，遵循权责对应、最小必要原则设置访问、操作权限，落实授权审批流程，实现异常操作行为的有效监控和干预。

### （三）保险行业协会加强对保险消费者权益的保护

保险消费者是保险业赖以生存发展的前提和根基。保护消费者合法权益是保险监管机构的核心职能，也是保险行业的共同责任。中国保险行业协会一直高度重视保险消费者权益保护工作，并于2021年正式成立消费者权益保护专业委员会，致力于加强保险行业消费者权益保护。

依据《中国保险行业协会消费者权益保护专业委员会工作规程》，消费者权益保护专业委员会的职责主要包括：组织制定并实施消费者权益保护方面的行规行约、行业标准；对行业内侵害消费者合法权益

的行为进行自律惩戒；研究和提升消费者保护的手段和措施；开展消费者保护相关培训；加强对保险消费者的教育、宣传以及风险提示等相关工作。经过近年来的深耕细作，消费者权益保护专业委员会在自律、维权、服务、交流、宣传等方面开展了大量卓有成效的工作，规范了行业服务消费者行为，维护了清朗行业环境，提供了更优化保险服务，搭建了行业消费者权益保护工作交流平台，树立了消费者科学消费理念。

# 第五章 保险法学理论研究长足发展

## 一、保险法学研究概况

新中国成立初期，随着保险业务的中断，我国保险法学的研究亦处于滞缓期。直至1979年中国人民银行全国行长会议作出了恢复国内保险业务的重大决定，1980年正式恢复国内的保险业务，此为我国保险法学研究的新起点。以下选取CSSCI法学核心期刊（24种）中有关保险法研究的400余篇论文以及《保险研究》上发表的相关论文，作为研究范本与分析对象，概述我国自1980年至2023年保险法学的研究状况。

### （一）保险基本法颁布前的初期研究阶段（1980—1994年）

1980年以后，国内保险业务逐步恢复、保险规章制度陆续建立，为理论研究提供了实践基础和方向指引。囿于当时实践与社会背景的局限，研究成果相对较少，且集中于保险合同领域。受《财产保险合同条例》的影响，研究聚焦于财产保险的相关问题。从研究成果来看，主要关注保险与保险合同的法律性质[1]、保险利益[2]、道

---

[1] 珞文：《论保险和保险合同》，载《法学评论》1984年第1期；沈永松、李伯侨：《论保险行为的法律特征》，载《现代法学》1989年第6期；李玉泉、沈建敏：《保险合同新探》，载《法学评论》1991年第3期。

[2] 孙积禄：《关于保险的保险利益》，载《政法论坛》1986年第5期。

德危险①、保险合同的效力②、告知义务③、危险增加通知义务④、保险代位⑤等基础理论问题,也涉及交付保费、保险理赔等实践问题⑥。同时,对韩国等域外保险立法进行了初步考察与比较⑦。

### (二)保险法治发展的拓展研究阶段(1995—2008年)

1995年《保险法》正式颁布实施,作为新中国第一部保险基本法,极大地推进了保险法学的研究。在保险合同领域,除持续关注保险利益、保险合同效力、告知义务、保险代位等问题外,也探讨保险法基本原则(最大诚信原则、近因原则)⑧、保险受益人⑨、保险合同解

---

① 张旭良:《保险法上的道德危险》,载《法学》1993年第12期。

② 覃怡:《论影响保险合同效力的几个重要因素》,载《法学评论》1993年第1期。

③ 韩世远:《论违反告知义务后财产保险合同的处理——兼与余能斌、梁慧星同志商榷》,载《当代法学》1990年第4期。

④ 徐健:《试论保险合同中的危险情况告知义务》,载《西北政法学院学报》1983年第1期。

⑤ 陈斌、胡进:《论保险人的代位求偿权》,载《法学评论》1991年第2期。

⑥ 严庆泽:《对财产险中交付保费问题的探讨》,载《政治与法律》1991年第6期;韩家勇:《解释法律应探究法律的真实意思——一起保险索赔案例评析》,载《法学评论》1991年第5期。

⑦ 郭钦福:《各国保险立法简述》,载《政治与法律》1987年第6期;宋锡祥:《海峡两岸保险制度法律之比较》,载《政治与法律》1991年第5期;李鸿旭、太贤淑:《韩国保险合同法的基本结构》,载《中外法学》1994年第5期。

⑧ 杨伟民、周平:《保险的最大诚信原则和近因原则》,载《保险研究》1997年第5期;孙积禄:《保险法最大诚信原则及其应用》,载《比较法研究》2004年第4期;梁鹏:《保险法近因论》,载《环球法律评论》2006年第5期。

⑨ 梁鹏:《保险法近因论》,载《环球法律评论》2006年第5期;高宇:《论我国保险法上受益人之变更》,载《当代法学》2004年第6期;张秀全:《保险受益人研究》,载《现代法学》2005年第4期。

除[1]、保险合同解释[2]、再保险[3]、复保险[4]等问题。研究对象仍以财产保险为主，因外在政策环境与社会环境的影响，海外投资保险、交强险、环境责任保险、巨灾保险等受到学界关注。例如，2001年中国加入世界贸易组织，构建海外投资保险法律制度成为关注的焦点[5]；2003年《道路交通安全法》颁布并明确规定了交强险，引发关于交强险制度的热烈讨论[6]；这一时期，重大环境污染事件的发生（如松花江水污染事件）以及对环境污染损害赔偿社会化的思考，使环境责任保险受到关注[7]。研究领域亦拓展至人身保险，主要集中于保险受益

---

[1] 王存：《略论保险合同的解除》，载《法律科学》1997年第2期；李新天、汤薇：《试论我国保险合同的解除制度》，载《法学评论》2005年第4期。

[2] 程兵、严志凌：《论保险合同条款的不利解释原则》，载《法学》2004年第9期；梁鹏：《保险法合理期待原则研究》，载《国家检察官学院学报》2007年第5期；李秀芬：《论保险合同疑义利益解释原则》，载《法学论坛》2008年第1期。

[3] 邹海林：《试论再保险合同的基本问题》，载《法商研究》1996年第5期；覃怡、樊启荣：《再保险合同定位的若干问题探讨》，载《法商研究》2000年第1期；郑云瑞：《论再保险的方式》，载《法学》2003年第11期。

[4] 温世扬、黄军：《复保险法律问题研析》，载《法商研究》2001年第4期。

[5] 邓瑞平：《论建立我国海外投资保险法律制度的几个问题》，载《现代法学》1996年第2期；牛光军：《我国海外投资保险制度立法研究》，载《比较法研究》1998年第3期；吴智：《建立我国海外投资保险制度体系的法律思考》，载《现代法学》2002年第5期；慕亚平、陈晓燕：《我国海外投资保险制度的构建》，载《法学》2006年第8期。

[6] 张新宝：《道路交通事故中的机动车第三者责任强制保险》，载《法学家》2005年第1期；赵明昕：《机动车第三者责任强制保险的利益衡平问题研究》，载《现代法学》2005年第4期；王军、高瑛玮：《现代保险体制下机动车方对非机动车方的责任比较研究》，载《环球法律评论》2008年第3期。

[7] 周珂、刘红林：《论我国环境侵权责任保险制度的构建》，载《政法论坛》2003年第5期；王晓丽：《论环境损害赔偿的社会化机制——以环境责任保险制度为例》，载《法学论坛》2005年第5期；张梓太、张乾红：《我国环境侵权责任保险制度之构建》，载《法学研究》2006年第3期；熊英、别涛、王彬：《中国环境污染责任保险制度的构想》，载《现代法学》2007年第1期。

人制度[①]与保险代位的适用问题[②]。而关于保险合同的研究方法，运用法解释学解构并检讨《保险法》具体条文的研究日益成熟[③]，这也助益于《保险法》2002年与2009年的两次修改。同时，也尝试运用法经济学进行保险法研究，主要涉及信息不对称理论[④]。

《保险法》的颁布实施推进了金融行业的分业经营，1998年保监会的成立促进了经营的规范性与专业性，这都使得保险监管从大金融领域的监管中"独立"出来，逐渐受到保险法学界的关注。在保险监管领域，研究主要集中于保险监管理论[⑤]、保险监管方式与监管机构[⑥]、保险条款与保险费率[⑦]、保险资金运用[⑧]、保险代理制度[⑨]等问

---

[①] 潘红艳：《人身保险合同受益人法律问题研究》，载《当代法学》2002年第2期；高宇：《论我国保险法上受益人之变更》，载《当代法学》2004年第6期；张秀全：《保险受益人研究》，载《现代法学》2005年第4期。

[②] 樊启荣：《"人身保险无保险代位规范适用"质疑——我国〈保险法〉第68条规定之妥当性评析》，载《法学》2008年第1期。

[③] 蓝邓骏、凌哲胥：《保险受益权的撤销探析——〈保险法〉有关条文的修改意见》，载《当代法学》2001年第4期；樊启荣：《保险合同"疑义利益解释"之解释——对〈保险法〉第30条的目的解释和限缩解释》，载《法商研究》2002年第4期；杨万柳：《对我国〈保险法〉第64、第65条的分析及立法完善》，载《当代法学》2003年第6期；樊启荣：《死亡给付保险之被保险人的同意权研究——兼评我国〈保险法〉第56条第1、3款之疏漏及其补充》，载《法学》2007年第2期。

[④] 臧彦：《保险契约信息不对称的法律规制》，载《法制与社会发展》2002年第6期。

[⑤] 郭宏彬：《论保险监管的理论根源》，载《政法论坛》2004年第4期。

[⑥] 高洋：《保险业法律监管若干问题研究》，载《当代法学》2003年第2期。

[⑦] 黄涧秋：《论对保险条款与保险费率的监管》，载《当代法学》2003年第10期。

[⑧] 孙晋、王薇丹：《公开规制理念下保险资金直接入市监管制度之构建》，载《法学评论》2007年第1期。

[⑨] 欧阳明程：《保险代理人的若干法律问题探讨》，载《政法论丛》1996年第5期；王绪瑾：《论保险代理人的定位》，载《法商研究》1998年第4期；林兴登：《完善保险代理制度的法律思考》，载《现代法学》1999年第5期。

题。而随着我国金融监管体制改革的深入，以及对金融业风险防范的思考，存款保险制度受到学界关注[①]。

**（三）保险法治发展的深化研究阶段（2009—2023年）**

2009年我国《保险法》进行了第二次修订，同时我国保险业也进入深化改革阶段，这都促进了保险法学的研究。《保险法》第二次修订涉及较多条文，对于新增修订后条款的法律适用成为热点话题，包括格式条款的说明义务[②]、不可抗辩条款[③]、危险增加通知义务[④]、定值保险[⑤]等问题。对于持续关注的理论问题进行了更加深入的研究，例如对告知义务的研究着重探讨违反告知义务的法律后果[⑥]，对代位

---

① 胡孝红：《存款保险制度的比较研究》，载《法学评论》1999年第5期；欧阳仁根：《论我国存款保险制度的构建》，载《法学》2003年第9期；张丽华、王建敏：《关于我国显性存款保险制度的立法建议》，载《政法论丛》2004年第5期。

② 杨茂：《完善我国保险人明确说明义务的法律思考》，载《现代法学》2012年第2期；陈群峰：《保险人说明义务之形式化危机与重构》，载《现代法学》2013年第6期；马宁：《保险人明确说明义务批判》，载《法学研究》2015年第3期；沈小军：《从明确说明义务到信息提供义务——保险消费者自主决定权保障制度再造》，载《法商研究》2021年第2期。

③ 常敏：《保险合同可争议制度研究》，载《环球法律评论》2012年第2期；孙宏涛：《我国〈保险法〉中不可抗辩条款完善之研究——以〈保险法〉第16条第3款为中心》，载《政治与法律》2015年第7期。

④ 孙宏涛：《我国〈保险法〉中危险增加通知义务完善之研究——以我国〈保险法〉第52条为中心》，载《政治与法律》，2016年第6期；张力毅：《被保险人危险增加通知义务司法适用之检讨——基于277个案例的裁判文书之分析》，载《政治与法律》2019年第6期。

⑤ 樊启荣：《论定值保险之合法性及其边界——以〈中华人民共和国保险法〉第55条第1、2款为中心》，载《法商研究》2013年第6期。

⑥ 马宁：《保险法如实告知义务的制度重构》，载《政治与法律》2014年第1期；李飞：《保险法上如实告知义务之新检视》，载《法学研究》2017年第1期；王家骏：《我国保险法告知义务"全有全无模式"之批判与制度改革选择》，载《法律科学》2018年第1期。

权的研究则侧重于其与被保险人损害赔偿请求权的关系[1]。这一阶段，对于责任保险的研究更加丰富，聚焦于受害人的直接请求权[2]、保险人的抗辩义务[3]与被保险人责任免除请求权[4]。对于交强险的研究从传统汽车拓展到自动驾驶[5]，对环责险的研究从环境污染责任保险，扩及至生态损害责任保险[6]，还关注食品安全责任保险[7]、董事责任

---

[1] 叶名怡、韩永强：《保险人代位权与被保险人求偿权竞合时的处理规则》，载《现代法学》2009年第6期；马宁：《论保险人代位求偿权与被保险人损害赔偿请求权的冲突》，载《法学家》2013年第2期；武亦文：《保险代位权与被保险人损害赔偿请求权的受偿顺序》，载《比较法研究》2014年第6期。

[2] 万晓运：《"交强险"中受害第三人直接请求权问题探析》，载《法学》2011年第4期；张力毅：《交强险中受害人直接请求权的理论构造与疑难解析——基于解释论的视角》，载《法律科学》2018年第3期；杨勇：《任意责任保险中受害人直接请求权之证成》，载《政治与法律》2019年第4期。

[3] 武亦文：《论责任保险人的抗辩义务》，载《法商研究》2013年第4期；马宁：《责任保险人抗辩义务规范的继受与调适》，载《法学》2015年第4期；吴奕锋：《责任保险人抗辩义务的引入路径》，载《法学》2022年第7期。

[4] 沈小军：《论责任保险中被保险人的责任免除请求权——兼评〈保险法司法解释四〉责任保险相关条文》，载《法学家》2019年第1期。

[5] 马宁：《因应自动驾驶汽车致损风险的保险机制》，载《华东政法大学学报》2022年第1期。

[6] 彭真明、殷鑫：《论我国生态损害责任保险制度的构建》，载《法律科学》2013年第3期。

[7] 李新天、印通：《食品安全责任保险二元结构论》，载《政法论丛》2012年第4期；卢玮：《食品安全责任保险立法模式的比较与选择》，载《法学》2015年第8期；于海纯：《我国食品安全责任强制保险的法律构造研究》，载《中国法学》2015年第3期；肖峰：《我国食品安全制度与责任保险制度的冲突及协调》，载《法学》2017年第8期。

保险[1]、医疗责任保险[2]、律师责任险[3]、旅行社责任险[4]等话题。对人身保险的研究，则聚焦于保单的现金价值[5]、犹豫期[6]与意外伤害保险[7]。同时，受外在政策环境与社会环境的影响，也出现了很多新的话题。2011年，保监会保险消费者权益保护局正式成立，消费者权益保护被放在更加重要的位置，"保险消费者"迅速成为热议的话题[8]。此外，随着保险业的发展与保险科技的运用，自动驾驶汽车保险、

---

[1] 孙宏涛：《论董事责任保险中赔偿责任与抗辩、和解费用之分摊》，载《比较法研究》2010年第4期；孙宏涛：《董事责任保险合同除外条款范围的合理界定》，载《法学》2010年第6期。

[2] 吕群蓉：《论我国强制医疗责任保险制度的构建——以无过错补偿责任为分析进路》，载《法学评论》2014年第4期；徐卫东、包英夫：《论强制村医执业责任保险的实施——以乡村振兴战略为背景》，载《当代法学》2018年第4期。

[3] 韩长印、郑丹妮：《我国律师责任险的现状与出路》，载《法学》2014年第12期。

[4] 韩长印：《旅行社责任险的责任范围问题》，载《法学家》2016年第1期。

[5] 岳卫：《人寿保险合同现金价值返还请求权的强制执行》，载《当代法学》2015年第1期；梁鹏：《人寿保险不丧失价值选择制度之构建》，载《法律科学》2016年第6期；常敏：《保单现金价值归属的法律解释逻辑》，载《环球法律评论》2018年第5期；吴永辉：《对保单现金价值强制执行冲突的调和》，载《法律科学》2020年第3期。

[6] 尹迪：《从约定到法定：人身保险犹豫期制度的构建》，载《法商研究》2020年第3期。

[7] 韩长印、王家骏：《意外伤害保险的契约型塑与内容控制》，载《法学》2016年第11期；文婧：《保险法上意外伤害事故的判断及其证明》，载《法商研究》2017年第1期；韩长印：《总括意外伤害保险中的保险利益问题》，载《政法论坛》2023年第5期。

[8] 任以顺：《"保险消费者"概念质疑——以"保险相对人"概念取代"保险消费者"的合理性》，载《法学论坛》2015年第6期；温世扬、范庆荣：《"保险消费者"概念辨析》，载《现代法学》2017年第2期；马宁：《消费者保险立法的中国愿景》，载《中外法学》2019年第3期。

UBI车险[1]、保险智能合约[2]、网络安全保险[3]等相关问题逐渐受到关注。

这一时期，我国保险业进入深化改革阶段，吸取国际金融危机经验教训推进监管改革，自主研发并实施了第二代偿付能力监管制度体系，促进了学界对保险费率[4]、保险业风险处置[5]等问题的思考。基于对美国次级房贷危机的反思，探讨住房按揭贷款保证保险的适用[6]；通过对"前海人寿"万能险违规事件的检讨，探讨保险的资金运用[7]与投资型保险的监管问题[8]。随着金融监管体制的变革，先是保监会与银监会合并为银保监会，而后又吸取证监会投资者保护的职责成立国家金融监管总局，学界提出制定统一的"金融监管法"[9]，这无疑对当下的保险立法提出了挑战。

---

[1] 常鑫：《UBI车险的法理基础与中国规制方案》，载《政治与法律》2023年第4期。

[2] 赛铮：《保险智能合约的法律构造与风险防控》，载《法商研究》2023年第5期。

[3] 赵亚宁：《数字经济时代保险参与网络安全治理的制度困境与纾解之道》，载《保险研究》2023年第5期。

[4] 任自力：《中国保险费率监管制度的改革与思考》，载《政法论丛》2019年第2期。

[5] 孙宏涛：《我国保险业风险处置的制度构建研究》，载《政法论丛》2019年第2期。

[6] 唐烈英、吴长波：《住房按揭贷款保证保险防范风险的法律适用——以美国次级贷款危机及中国强烈地震为背景》，载《法学论坛》2009年第1期。

[7] 李伟群、胡鹏：《保险机构股票投资行为的法律规制——以"金融与商业分离原则"为视角》，载《法学》2018年第8期。

[8] 李敏：《美国投资型保险资金运用监管及其借鉴》，载《华东政法大学学报》2020年第6期。

[9] 刘丹冰：《新发展视角下统一"金融监管法"的制定》，载《法律科学》2022年第1期。

在保险合同与保险监管之外，保险法学界也尝试以新的视角看待保险法。2014年国务院发布《关于加快发展现代保险服务业的若干意见》，明确了保险业在经济社会中的重要地位，是社会文明水平、经济发达程度、社会治理能力的重要标志。因此，对于保险如何实现服务国家治理现代化，学界进行了新的思考[1]。另外，对保险行业的反垄断[2]、保险险种的知识产权[3]等交叉学科领域的问题也受到学界关注。

## 二、保险法研究的理论创新

### （一）研究路径：法教义学与社科法学的双重进路

法教义学与社科法学，是苏力教授对我国法学知识演进过程中两种不同法学知识形态的概括。法教义学是先接受现行实在法律规范的效力，对其进行解释和体系化，继而将所获得的法律文本或规范的意义运用于司法裁判之中的一种法学研究进路。它并不致力于探讨理想之法或应然之法，而是一门体系化、解释性的法学和处理实证法秩序之客观意义的科学。[4]主要关涉制定法的司法解释，但除了制定法、判例外，也包括个别部门法学者长期奉行的学说。[5]社科法学则是运用社会科学方法研究法律现象和法治问题的，试图发现制度或者规则与社会生活诸多因素之间相互影响和制约的法学研究进路。社科法学

---

[1] 何启豪：《国家治理现代化背景下的保险法理论新范式——以保险人作为私人监管者为中心的考察》，载《现代法学》2019年第4期；黄丽娟：《重大突发公共事件中保险治理的法治路径》，载《保险研究》2023年第7期。

[2] 周学峰：《保险业适用反垄断法问题研究》，载《比较法研究》2016年第5期。

[3] 张俊岩：《保险产品的知识产权属性及其保护》，载《法学家》2010年第2期。

[4] [德]拉德布鲁赫：《法哲学》，王朴译，法律出版社2013年版，第127–128页。

[5] 苏力：《中国法学研究格局中的社科法学》，载《法商研究》2014年第5期。

内含着一种对实用主义的追求，以简单便利的理论和有效可行的解决问题的办法，实现"经世致用"。[①]

就保险法学来看，一方面，对于《保险法》及相关司法解释、司法裁判的研究可以说是占据了相当大的比重，尤其是说明义务条款、告知义务条款、无效格式条款、合同解释条款等；另一占比较大的研究则是关于最大诚信原则、损失补偿原则、保险利益原则、近因原则等保险法学长期奉行的理论学说。这种以规范与教义为中心的研究奠定了保险法研究的理论基础，对于《保险法》及相关法规的立废改释起到了较大的推动作用。另一方面，保险法研究不仅关注规范与教义，它也重视保险实践。没有保险实践，就没有保险理论；保险理论一经形成，又会对保险实践产生巨大的推动作用[②]。所以，保险法研究常常受到外在政策环境与社会环境的影响，关于交强险、环责险、健康保险、农业保险、巨灾保险、偿付能力、保险资金运用的研究，不仅涉及法学知识，还涉及经济学、保险学、管理学、社会学等多学科的知识。这种从社会现实观察保险法的研究往往是学界对国家政策与现实需求的回应，对于保险法律制度的建设起到推进作用。这两种研究进路在保险法的研究中并存，是保险法研究的一大特色。近年来两种进路则呈现出交互的趋势，如有学者从保险法规范的视角探索如何构建有效的环境风险控制法律机制[③]，体现了社科法学与法教义学的互动。

---

[①] 苏力：《中国法学研究格局中的社科法学》，载《法商研究》2014 年第 5 期。
[②] 魏华林、林宝清：《保险学》（第 4 版），高等教育出版社 2017 年版，第 1 页。
[③] 马宁：《环境责任保险与环境风险控制的法律体系建构》，载《法学研究》2018 年第 1 期。

## （二）研究范式：保险合同、保险监管与保险治理的三个维度

从保险立法上，通常我们将保险法界分为保险合同法与保险监管法，是以学界认为关于保险法的研究范式通常也界分为保险合同与保险监管两个维度。这种区分，从理论上源自对商法学研究的认识。有学者认为，商法的双重结构表现于其兼具管制面及交易面，并显示出商法所涉及的不仅是私人间单纯的民事有名合同，更包含经济、贸易以及金融秩序范畴等较复杂层面的商事合同，是以其立法密度、目的之考量自与作为基本私法原则的民法迥然不同，尤其是侧重于管制面而不时呈现公法色彩的相异之处。交易面以商事合同为中心，而管制面以商事组织为中心。[①]

依此理论，保险法的交易面即以保险合同为中心，关于保险人与投保人（被保险人）的权利义务关系是其关注的焦点。而保险合同本即是民事有名合同之一种，保险法重点研究的最大诚信原则、损失补偿原则、近因原则、格式条款等事实上也是民法（合同法）重点关注的内容，但保险合同研究的保险利益、受益人、不可抗辩条款等又是传统民法（合同法）所不具有的内容。因此，保险合同的研究范式可以认为是"源于民法而又超脱于民法"。保险法的管制面则以保险机构为中心，保险机构的法律形态、运行规范以及责任承担是其关注的焦点。保险监管重点研究的保险公司治理、市场行为监管与偿付能力监管，往往涉及国家金融秩序的建立以及金融风险的防范，这也都是金融法重点关注的内容。保险监管的研究范式事实上就是金融法研究范式在保险领域的运用。值得注意的是，保险合同与保险监管亦存在交叉领域，比如关于保险消费者权益的保护问题，是两个维度都关注

---

[①] 王文宇：《论商法法学研究方法》，载《月旦民商法杂志》2023 年第 79 期。

的问题。

除保险合同与保险监管两个维度外，近年来越来越多的学者从第三种维度"保险治理"来研究保险法。有学者认为，"保险人可以作为支持和补充政府治理/监管风险的私人监管者"，这也与目前主流的保险法研究范式——合同和监管两个维度——有较大的不同。① 风险保障专业化、损害赔偿社会化和治理手段市场化的性质使保险成为构建公权与私权合作治理的机制。保险人以"治理"的方式支持、补充甚至替代政府对被保险人行为和风险的行政管制。② 另有学者从推进社会治理现代化的视角研究普惠保险，③ 还有学者探讨保险治理重大突发公共事件的法治路径。④ 保险治理重点研究的保险人或者保险机制作为一种市场化的机制，如何在国家治理或社会治理中发挥作用的问题，涉及政府与市场的关系，这是经济法关注的核心内容。保险治理的研究范式实则是经济法研究范式在保险领域的运用。

因此，保险法的研究范式有保险合同、保险监管、保险治理三个维度，其本质是民法学、金融法学、经济法学研究范式运用的结果，三者并存但又存在交融的趋势，共同构成保险法独特的研究范式结构。

---

① 何启豪：《国家治理现代化背景下的保险法理论新范式——以保险人作为私人监管者为中心的考察》，载《现代法学》2019年第4期。

② 何启豪：《国家治理现代化背景下的保险法理论新范式——以保险人作为私人监管者为中心的考察》，载《现代法学》2019年第4期。

③ 阎语、何丽新：《普惠保险推进社会治理现代化研究》，厦门大学出版社2023年版。

④ 黄丽娟：《重大突发公共事件中保险治理的法治路径》，载《保险研究》2023年第7期。

## （三）研究方法：法解释学为主、其他方法为辅的跨学科分析方法

卡尔·拉伦茨教授在《论作为科学的法学的不可或缺性》中认为："法学有三重任务：解释法律，按照内在的法律制度的价值标准和思想尽可能发展法律，以及不断寻求用统一的视角诠释大量的法律资料，不仅为了外部的整齐划一和条理清晰，也为了尽量实现各种规则的内部统一和客观的协调。简而言之，法学的任务就是解释法律、发展法律以及——或许可以这样说——整合法律资料。"[①] 而这种运用法律自身的原理，按照逻辑的要求，以原则、规则、概念等基本要素制定、编纂与发展法律以及通过适当的解释规则运用和阐释法律的做法，即为法解释学或法释义学。[②] 目前，保险法的大量研究都是按照法解释学的方法予以展开，或者采用案例分析法（个案分析或案例类型化分析）[③]与比较分析法（域内外比较）[④]。从学科领域来看，这些均可归于法学学科的研究方法。

除传统法学学科的研究方法外，学界也运用经济学、社会学、管理学等其他学科的研究方法。比如，有学者以信息不对称理论论证以

---

① [德]卡尔·拉伦茨：《论作为科学的法学的不可或缺性——1966年4月20日在柏林法学会的演讲》，赵阳译，载《比较法研究》2005年第3期。

② 许德风：《论法教义学与价值判断——以民法方法为重点》，载《中外法学》2008年第2期。

③ 杨承韬、涂斌华：《还贷保证保险合同案件处理中的疑难问题——全国首例房贷保险合同案评析》，载《法学》2004年第6期；张力毅：《被保险人危险增加通知义务司法适用之检讨——基于277个案例的裁判文书之分析》，载《政治与法律》2019年第6期。

④ 李章军：《中英保险合同中如实告知义务之比较研究》，载《比较法研究》2003年第5期；于敏：《海峡两岸强制汽车责任保险法律制度比较研究——从国际趋势和受害人保护看两岸措施统合之必要》，载《中国法学》2007年第5期。

法律制度激励真实信息披露，以实现契约最优的正当性。① 有学者以风险管理理论与社会福利理论论证在保险领域建构道德风险控制机制的必要性。② 还有学者以司法案例的 Logit 回归模型论证现有的制度无法对保险人恶意不当理赔实现有效规制。③ 这些跨学科方法的运用，一方面是因为保险法学本身是一门融合了多学科知识的学科，另一方面也是因为对于保险法学的研究，既有法学学者，也有保险学学者，学者们基于各自的学科背景展开研究，并又时常互相借鉴，形成了保险法学这种独特的交叉学科研究视角。

### 三、保险法学教育及人才培养

目前，我国高等学校本科教育专业设置按"学科门类""学科大类（一级学科）""专业"（二级学科）三个层次来设置，研究生教育专业设置也是划分为类似的三个层次。但保险法学未被直接划为这三个层次之一，在中国历史上也从未被划为独立的学科。所以，关于保险法学教育及人才培养情况需要从法学与保险学这两类学科的发展情况予以考察。

#### （一）保险法学教育及人才培养的早期

1805 年，西方保险传入中国，经过近百年的发展，保险教育开始在中国出现。1912 年，保险学成为一门独立学科。保险学门所学的法学课程包括民法概论、商法、破产法、国际公法、国际私法，但并未

---

① 臧彦：《保险契约信息不对称的法律规制》，载《法制与社会发展》2002 年第 6 期。

② 武亦文：《保险法上道德风险控制机制省思》，载《中外法学》2022 年第 6 期。

③ 黄丽娟、吴剑、李臻：《保险人恶意不当理赔情境下惩罚性赔偿制度的适用——基于司法判决文书的实证研究》，载《保险研究》2021 年第 2 期。

有"保险法"。直到1918年,根据《国立北京大学廿周年纪念册》记载,北京大学法科研究所法律门设有"保险法"这一研究科目,担任教员的是左德敏教授。《法学院法律学系课程一览》和《法学院政治学系课程一览》记载,1935—1936年度,北京大学法学院的法律学系和政治学系均开设"保险法"课程,主讲教师均为戴修瓒教授。[1] 1917年,北京大学法科四年级学生王杰撰写题为《保险论》的毕业论文,指导教师为周家彦教授。[2] 这是我国保险法学教育的开端。1946年,国立上海商学院(今上海财经大学)创立国内第一个保险系,其主要课程分为三类:基础课程、通识课程与专业课程,"保险法"被纳入专业课程。[3] 自此保险学学科(专业)开设"保险法"逐渐成为惯例。1959年国内保险业停办,与保险行业密切相关的保险法教育也进入停滞期。

**(二)保险法学教育及人才培养的恢复期**

20世纪80年代,保险法学教育受国家政策指引逐渐恢复。一方面,1980年国内保险业恢复,保险从业人员增长速度快,而社会可提供的保险专业人才近乎空白,国家还无力向普通高校投资培养保险专业人才。保险行业培养人才主要有两个途径:一是在中专教育和干部培训方面,继续办好各银行学校现有的保险班;二是积极筹措资金,逐步在重点地区试办培训中心,并在此基础上创办保险中等专业学校。在保险人才培养的过程中,保险相关的法学课程再次开设。另一方面,1980年,教育部批准在北京大学法律系"增设经济法专业,学制四年",

---

[1] 郑伟:《北京大学早期保险学科发展小考》,载《中国经济》2011年第4期。
[2] 郑伟:《北京大学早期保险学科发展小考》,载《中国经济》2011年第4期。
[3] 徐斌:《恰同学少年:记国立上海商学院首届保险系》,载《上海保险》2018年第3期。

随后其他各院校也陆续设立经济法专业。为了满足经济法人才培养的需要，组织各大院校专家编写了一批经济法教材，其中就包括"保险法"。据可考察的资料，庄咏文教授主编的《保险法教程》是保险业恢复后的第一本保险法教材。该教材在探讨保险法在法律体系中的地位时，认为调整保险关系的保险法成为保护社会主义公有制，保证国民经济发展和保护人民群众利益的工具，因此，保险法成为经济法体系中的一个重要组成部分。[①] 这反映了当时保险法学教育主要是为了支撑经济法专业学科发展的需要。

### （三）保险法学教育及人才培养的发展期

20世纪90年代以后，保险法学教育得到进一步发展。在中国人民保险公司委托办学的影响下，随着太平洋保险公司、平安保险公司等相继成立，为了适应市场对专业人才的新需求，中国保险教育体系逐渐完善。一方面全国开设保险专业的高等院校不断涌现，1986年全国开办保险专业的高校共有13家，1990年为17家；另一方面，保险教育体系在结构上适时进行了调整，开设保险专业的中专院校由1986年的24所缩减为1990年的4所，本科教育得到进一步发展，形成了以本科教育为主、研究生教育为辅、中专教育为补充的保险教育体系。"保险法"通常是保险学专业的必修课程。在法学方面，以覃有土、徐卫东、孙积禄为代表的法学家先后编写了保险法的教材[②]，为保险法学的高等教育奠定了基础。这一时期，出现了我国保险业恢复后第一篇硕士论文——厦门大学耿东毅的《保险合同的客体——可保

---

[①] 庄咏文：《保险法教程》，法律出版社1986年版，第10-11页。

[②] 覃有土等：《保险法概论》，北京大学出版社1993年版；孙积禄、杨勤活等：《保险法原理》，中国政法大学出版社1993年版；徐卫东、杨勤活、王剑钊：《保险法》，吉林人民出版社1994年版。

利益论》①，第一篇博士论文则是武汉大学李玉泉的《保险法基本理论研究》②。根据全国图书馆参考咨询联盟的统计，我国大陆地区在1990—1999年期间的保险法硕博士论文有19篇，这意味着我国保险法学教育向更高水平迈进。1995年我国出台新中国第一部《保险法》，自此保险法学的教育教学有了制定法的依据。事实上，从1991年9月保险法起草小组成立起，很多教师参与了《中华人民共和国保险法（送审稿）》的讨论，尤其是在保险法正式通过后，全国各高校的法学专业与保险专业师生利用专业知识，纷纷参与到保险法宣传和普及工作中，协助各地司法机关与保险公司宣讲保险法，普及保险知识。③

### （四）保险法学教育及人才培养的繁荣期

进入21世纪，我国成为世界贸易组织的成员，中国打开了对内对外的保险市场，为此《保险法》在2002年进行了修订。2006年，国务院颁布《关于保险业改革发展的若干意见》，促进了保险事业的发展，也为推动和完善我国保险法学教育起着重要作用。这一时期，《保险法》的教材明显增多，贾林青教授主编的《保险法》先后入选"21世纪法学系列教材"、普通高等教育"'十一五'国家级规划教材"与"十二五"普通高等教育本科国家级规划教材，可见保险法学在法学教育中的重要性。但是一直以来针对研究生的保险法教材相对较少，既有教材或者著作，或者是对现行法律的注疏，或者是聚焦于某个领

---

① 耿东毅：《保险合同的客体——可保利益论》，厦门大学1992年硕士学位论文。
② 李玉泉：《保险法基本理论研究》，武汉大学1994年博士学位论文。
③ 郝演苏：《改革开放引领保险教育走进新时代》，载《保险研究》2018年第12期。

域的专题研究。而硕士研究生的保险法教材，应当在通识性与学术性、理论性与现实性、专题性与系统性矛盾等方面有比较全面的考量。① 基于此，曹兴权教授编写了主要适用于研究生保险法课程教学的教材，这无疑是推进了保险法学教育的高质量发展。根据中国知网的数据统计，以保险法为主题研究的学位论文约 8000 余篇，自 2000 年以来，整体呈现逐年增长趋势。近年来，2020 年的发文数量达到顶峰，而这几年的数量则有所减少（如图 5-1）。

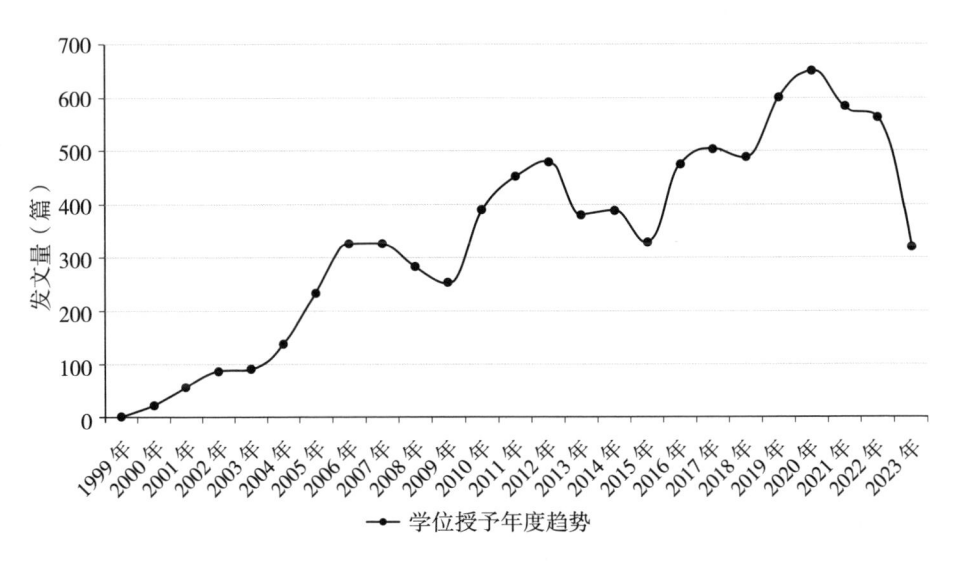

图 5-1　1999—2023 年保险法学学位论文的数量曲线图

所涉及的法学学科领域也较多，最多的是法律专业、民商法专业与经济法专业，而国际法、环境法、法理学、刑法、诉讼法等专业都有关于保险法的研究（如图 5-2）。

从培养院校来看，涉及的学位授予单位也较多，最多的是西南政法大学、大连海事大学与华东政法大学（如图 5-3）。② 这说明虽然

---

① 曹兴权：《保险法学》，华中科技大学出版社 2014 年版。
② 因各大院校将硕博论文录入中国知网的时间不一致，该项数据尚不全面。

保险法学未作为独立的学科门类,而且《保险法》课程在本科教育阶段多属于"选修"课程,但致力于从事保险法学研究的学生仍然较多,他们或将继续进行保险法学的理论研究,或将进入司法机关、保险监管机关或者保险企业从事保险法的实务工作,都会为保险法学事业的发展贡献力量。

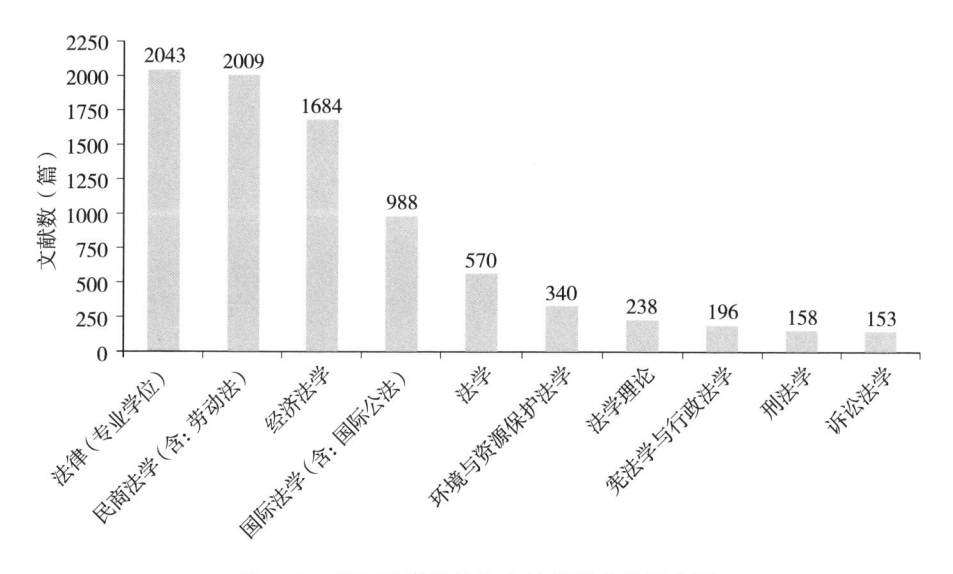

图 5-2 保险法学学位论文的学科专业示意图

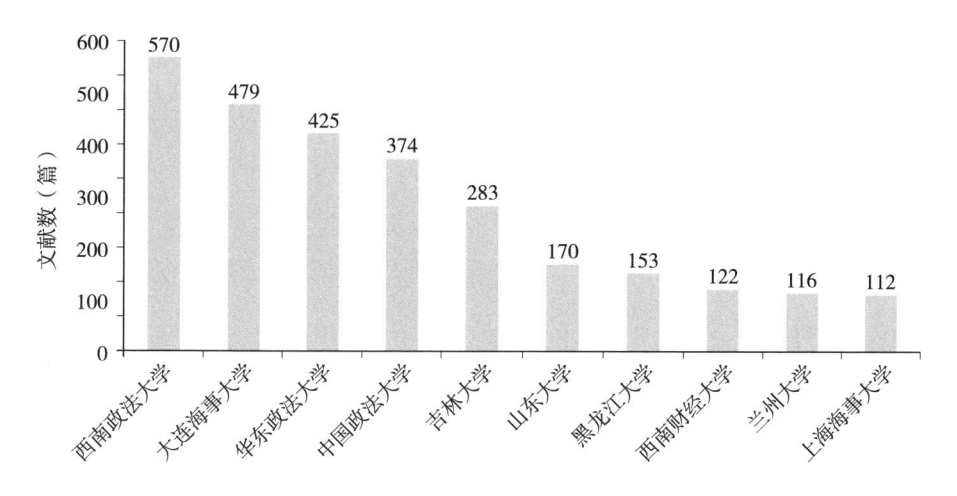

| 学科专业 | 文献数(篇) |
| --- | --- |
| 法律(专业学位) | 2043 |
| 民商法学(含:劳动法) | 2009 |
| 经济法学 | 1684 |
| 国际法学(含:国际公法) | 988 |
| 法学 | 570 |
| 环境与资源保护法学 | 340 |
| 法学理论 | 238 |
| 宪法学与行政法学 | 196 |
| 刑法学 | 158 |
| 诉讼法学 | 153 |

图 5-3 保险法学学位论文的授予单位示意图

| 授予单位 | 文献数(篇) |
| --- | --- |
| 西南政法大学 | 570 |
| 大连海事大学 | 479 |
| 华东政法大学 | 425 |
| 中国政法大学 | 374 |
| 吉林大学 | 283 |
| 山东大学 | 170 |
| 黑龙江大学 | 153 |
| 西南财经大学 | 122 |
| 兰州大学 | 116 |
| 上海海事大学 | 112 |

## 四、保险法学研究展望

### （一）保险法学自主知识体系的构建

2023年2月中共中央办公厅、国务院办公厅印发的《关于加强新时代法学教育和法学理论研究的意见》强调，总结提炼中国特色社会主义法治具有主体性、原创性、标识性的概念、观点、理论，把论文写在祖国的大地上，不做西方理论的"搬运工"，建构中国自主的法学知识体系。一方面，我国《保险法》大量的条文都来自对域外的借鉴，但它如何在我国的法律体系框架内逻辑自洽，这仍然是需要解决的问题。例如，保险合同法与保险监管法是"合"还是"分"？这在金融监管体制改革后再次引起学界的深思。再如，保险合同的分类是应按照"人身保险—财产保险"还是"损失补偿险—定额给付险"的标准进行分类？以及由此带来的中间性保险如何处理的问题？还如政策性保险是否纳入保险法调整范围。如农业保险、巨灾保险、中长期出口信用保险、大病保险以及政府主导的长期护理保险等，遵循保本微利或盈亏平衡的经营原则，国家财政予以扶持，具有较强的政策性；同时，此类保险一般由商业保险公司经营，使用保险行业监管机构审批或备案的保险条款，经营模式与商业保险更为接近，是否应纳入《保险法》调整范围？另一方面，从研究方法上来看，保险法学的研究仍然是以规范与教义为中心的法教义学为主要进路，以法解释学为主要研究方法，但要构建保险法学自主知识体系则需要紧扣时代主题，关注中国保险和社会经济发展的实践，需要更多采用社科法学的研究进路，更多采用实证研究分析方法，融入经济学、管理学、社会学等多学科的知识，才能逐步形成中国特色的保险法知识体系。

## （二）保险服务国家治理现代化的法治路径

党的十八届三中全会提出"推进国家治理体系和治理能力现代化"，标志着我国进入全面深化改革的历史新阶段。2014年8月10日，国务院印发《关于加快发展现代保险服务业的若干意见》，指出保险是现代经济的重要产业和风险管理的基本手段，是社会文明水平、经济发达程度、社会治理能力的重要标志。从保险的性质、功能、作用及发展历程来看，保险在降低经济社会各领域不确定性、服务国家治理现代化方面具有比较优势。因具有独特的风险保障、资金融通和社会管理功能，保险可为政府治理、经济治理和社会治理提供创新思维和创新工具，为国家治理体系和治理能力现代化贡献专业力量。在政府职能不断转化的背景下，应充分发挥市场在资源配置中的决定性作用，保险发展应进一步融入国家治理体系和治理能力现代化中。如何深刻认识并充分发挥保险对经济社会不可替代的作用，更好地服务国家治理现代化，是摆在我们面前的重大课题。保险法学界为此在传统的保险合同与保险监管的研究范式之外，创新一种新的范式——保险治理。但这种范式的理论基础与现实依据还需要进一步予以完善。同时，在未来保险法理论研究中，应进一步挖掘普惠保险、巨灾保险、责任保险、信用保证保险、农业保险、健康保险等在政府治理、灾害治理、生态治理、城市与乡村治理、民生保障中的作用与法治逻辑。

## （三）保险科技对保险法的挑战及其应对

保险科技正在塑造全球保险行业的新业态。随着近年的科技进步和网络普及，保险产品的服务范围和形式进一步拓展，一时间，行业风云际会，新产品如基于用户的保险（User Based Insurance）、微保险等不断涌现。健康管理、汽车安全监测等延伸服务开始风行，使保险业的形态发生了深刻变革。在不久的将来，保险科技将会渗透得更快更深，会带来保险市场竞争格局的变化。传统保险经营在新业态环境下暴露出新的法律问题，要求保险法律制度予以回应；依托保险科技产生的新型保险经营主体和保险产品，同样要求保险法律制度作出规范。推进保险行业创新发展的有八大核心科技：大数据、人工智能、区块链、云计算、物联网、互联网与移动技术、虚拟现实（VR）以及基因技术。政府部门应通过加强合作、促进行业集聚、提供资金支持以及保持密切沟通等方式支持业务创新。监管机构还应积极防范风险、推进制度优化、加强防控引导，为保险科技的发展创造良好的制度环境。保险科技的创新一方面促进了新型保险服务的诞生，提高了保险的普惠水平，拓展了保险的深度和密度，另一方面则可能增加潜在风险的隐蔽性和传染性。如何对行业的发展进行有效的知识更新，加强对新模式的研判预测，未来保险法律制度的完善则应更加强调与保险业态发展的契合和创新。目前，学界已经出现关于UBI车险、自动驾驶、智能合约的研究，但更多是从保险科技对行业发展及挑战的视角，而非从保险法学理论研究的视角。另外，保险科技的运用也会带来保险产品数据以及保险消费者个人数据在存储、采集、运用等过程中的法律问题，这是传统保险法所未关注到的问题，需要结合数据安全法、个人信息保护法等一并研究。

# 第六章 保险法治的现代化

随着大数据、区块链、云计算、人工智能、物联网等以互联网为核心的新兴技术的推广与普及，保险业迎来了跨越式的发展，从保险产品的研发、营销到保险公司的风控、核保、理赔，科技已渗透到保险产业的方方面面，可以说"保险+科技"的时代已经到来。本章结合保险科技在保险业中的运用，探讨保险法治的现代化发展，具体包括两个部分：第一部分为互联网技术赋能保险业创新，主要涉及互联网技术在保险业中的发展历程以及目前新兴技术在保险业中的运用；第二部分为保险法治新思维，包括关于我国当前保险科技的立法现状以及展望科技浪潮下保险法治未来应解决的问题。

## 一、互联网时代技术赋能保险业创新

在世界经济发展的全球化浪潮下，我国抓住了第三次技术革命，大力推动互联网信息技术与数字科技的创新升级，为各行各业的高质量发展创造了新的机遇。在新一轮科技革命中，我国互联网与数字保险也得到了长足的进步，保险行业勇于面对各种挑战，新兴保险产品与服务不断在市场涌现，为保险业的创新发展持续注入动能。

### （一）互联网与数字保险的发展历程

我国互联网与数字保险的发展历程分为萌芽阶段、探索阶段、发展阶段与高速变革阶段，下文分别予以阐述。

1. 萌芽阶段：1997—2004 年

互联网在保险业的应用拉开了我国网络与数字保险发展的序幕。萌芽阶段发生于 1997 至 2004 年之间，保险以渠道创新为重心，呈现少量线上化特点。1997 年底，我国第一家保险网站——中国保险信息网成立，即现在的中国保险网。该网站致力于为消费者提供保险交流与资讯共享平台，该平台的使用意味着互联网技术在保险行业的首次应用，互联网保险在中国诞生。同时，中国网上投保第一单也是在中国保险网上实现的，这标志着互联网技术开始应用于保险业务的运营之中。部分保险公司推出了专业化的保险销售网站，保险销售呈现线上化的趋势。2000 年 8 月 1 日，平安保险公司开通自己的全国性销售网站，线上开展保险销售业务。2000 年 8 月 6 日，中国太平洋保险公司创立我国第一个贯通全国、连接全球的互联网保险系统。同年 9 月，泰康人寿保险公司宣布开通"泰康在线"网站，构建了自己的网上销售平台，实现了保单投保、审核、缴费以及保单后续管理的线上网络化。

在萌芽阶段，互联网在保险行业中最初的应用仅作为一种保险线上销售手段与信息传播的渠道。此阶段保险信息属于单向交流，即由保险经营方向消费者单向提供，还未实现双向的交流互动。互联网应用基本上只是保险公司、保险中介机构等通过网络将保险产品的信息简单地展示给消费者。保险行业认为这个阶段的保险销售属于顾问式营销，互联网保险不可能成为主流的营销模式，除了个别保险公司以外，更多保险产品与服务的销售还是通过线下进行。监管者对互联网保险的监管也局限于保险产品的销售领域。

2. 探索阶段：2005—2010 年

2005 年 4 月 1 日，《中华人民共和国电子签名法》（以下简称《电子签名法》）正式开始施行，该法律确认了电子签名的法律效力，从法律的角度规范了电子签名行为。同日，中国人民保险公司通过电子签章技术签下国内第一张全流程电子保单，标志着我国互联网保险业务开始快速发展，互联网数字保险技术迈入探索期。在此阶段，我国保险行业开创了基于电子商务技术与海量数据的新模式。

首先，慧择网、向日葵保险网等旨在提供保险产品信息的互联网保险中介机构进入市场。同时，保险公司越来越多地通过线上平台介绍新推出的保险产品信息，消费者可于同平台实时咨询产品信息，选择保险产品，并在线上直接完成相关投保行为。诸如此类线上保险中介机构的产生很大程度上提高了消费者认知、挑选、购买保险产品的效率，同时开拓了保险公司的销售渠道。其次，保险公司在互联网业务中投入了越来越多的研发资源，第三方电子商务平台也开始成为促进互联网与数字保险发展的重要渠道。各保险公司积极拓展线上销售规模，纷纷在淘宝、京东等网络第三方电子商务平台注册官方旗舰店，探索保险产品线上销售新模式。另一方面，针对线上销售模式的推广，保险公司与各大网络平台合作推出了新型消费市场下的保险产品，此类产品由保险公司承保，在互联网第三方平台上销售，保险公司赚取保费，第三方平台则收取技术服务费，实现共赢。例如，退货运费险、承运延迟险等就是其中的代表产品。

3. 发展阶段：2011—2014年

互联网互动性特点的强化为互联网和数字保险的发展注入了新的能量。2014年，互联网技术不断迭代升级，各种社交网络服务平台不断丰富，保险业界得以将售前咨询、产品报价、合同订立以及售后服务等环节完全实现网络化，通过互联网与客户实现更广泛的互动沟通，在此过程中扩展保险服务业务。与此同时，大众对互联网保险概念也有了更为全面的认知，保险信息咨询、保险产品设计、投保、缴费、核保、承保、定损、理赔、投诉等保险服务实现全流程的线上办理。再者，大数据、云计算等新兴技术不断融合发展，传统的经济形态与信息产业本身的运作模式正在被打破，新型互联网电商迅速崛起，互联网金融成为创新热点，传统金融业受到互联网势力的巨大冲击，大多成立了自己的电商公司，主动应对复杂多变的挑战。各保险公司及保险服务机构也投入资源以应对互联网金融的挑战，保险公司和监管机构高度重视、深入参与了互联网保险的发展，对互联网保险的认识也不断深化。

4. 高速发展阶段：2015年至今

随着4G网络的普及，多媒体技术在金融行业中也得到了广泛应用。4G带宽大幅度扩充，为语音、视频等多媒体技术的应用发展提供了基本条件；人与人之间通过互联网沟通的即时性与便捷性获得了跨越式发展，更多复杂的金融服务能够通过移动互联网技术得以实现，互联网保险也不例外。互联网与数字保险开始成为保险业必不可少的经营模式。随着互联网与数字保险发展的技术条件越来越可靠，保险业务的实现方式通过多媒体移动终端得到了全方位的提升。互联网保险、数字保险与传统保险相互融合，共同朝着趋同化的方向前行。

作为我国首家互联网保险公司，众安在线财产保险股份有限公司利用了腾讯的用户资源、蚂蚁集团的数字服务体系与中国平安保险集团的保险业务能力，强强联合，共同实现了从客户线上投保到线上理赔全过程保险业务的服务，不需要任何线下人员与机构参与其中。并且，更多互联网保险公司也加入了我国网络与数字保险的发展浪潮之中。2015年，易安财产保险公司、安心财产保险公司与泰康在线等公司得以筹建，纷纷推出基于数字技术的保险产品与服务。例如，2015年，众安保险联合华大基因，共同推出了我国首个互联网基因检测保险项目——"知因保"。2016 年，借助大数据与区块链技术，阳光保险推出"阳光贝"积分服务，成为国内首家推出区块链技术服务的保险公司。基于区块链技术去中心化、不可篡改、自动执行的技术特点，保险消费者获得了快速投保、快速理赔的优质服务。

放眼互联网与数字保险的未来，随着 5G 网络技术日渐成熟与广泛应用，互联网进入高带宽、低时延的时代；4G 时代无法支持的物联网，在 5G 时代则变为现实，成为网络科技公司重要的发展领域。[1] 随着全球经济的数字化转型，互联网与数字保险正在向着以信用经济为核心的保险互联网新生态转变。近几年来，网络科技的迅猛发展，特别是以大数据、云计算、人工智能、物联网、区块链、元宇宙等技术为代表的新一轮信息技术革命，为互联网与数字保险赋予了新的发展动能和预期。在不远的将来，互联网与数字保险即将步入以 5G 技术为核心的新阶段，保险产品与服务真正成为安全、智能与高效的代名词。

**（二）新兴技术在保险业中的实际运用**

近年来，得益于新兴科学技术的发展并实际运用于保险行业的实际经营之中，保险业迎来了巨大的变革，各个业务环节获得了大量的技术支持，促使产品研发、产品销售、核保理赔、售后服务等环节的服务质量与效率得到大幅改善，给客户创造了更加优质的服务体验。下文主要阐述大数据、云计算、人工智能、区块链、物联网五种新兴技术在保险行业的应用情况。

1. 大数据技术在保险业中的应用

保险业是金融行业的一个重要分支，需要利用丰富的数据开展业

---

[1] 寇业富：《2021 保险蓝皮书——中国保险市场发展分析》，中国经济出版社 2021 年版，第 195 页。

务，并且在数字经济时代，保险业的数据规模进一步增加，这为大数据技术的应用奠定了坚实的基础。保险运行的核心原理就是遵循大数法则，而大数据技术的核心是预测范围广和精准度高，这也进一步证明了大数据技术在保险业中被运用的必然性。大数据技术应用于保险业主要体现在产品创新、精准定价、理赔管理、反欺诈等领域。[①]

（1）产品创新

保险业的运营建立在丰富的数据资源之上，这使得大数据技术在保险业中的运用具有必然性，特别是大数据技术能够从供需两侧来分析客户的风险保障需求，从而满足客户的需要，促进保险产品的创新。一方面，利用大数据技术可以准确地分析传统领域的风险信息，使保险公司具备更加强大和全面的风险控制能力，弥补传统保险产品的设计缺陷，优化保险产品的特性与功能；另一方面，大数据技术还可以对社会形势变化、保险客户的行为习惯等信息进行综合分析并作出判断，及时洞察不同地区、不同行业存在的特定风险，并针对性地研发新型的保险产品，为保险消费者尽可能提供全面的风险保障，比如推出退货运费险、网络保证金保险等。

（2）精准定价

保险行业能够运用大数据技术建立精准定价模型，赋能保险产品的价控体系。保险产品定价的理论基础是大数法则，保险机构常常以大量相似风险数据为统计对象，确定可保风险类型，并进行产品定价。不同于传统的抽样数据分析方法，大数据技术使保险公司等保险业务机构能够实现全面的数据样本分析。如此，更为完整的数据资料将得到呈现，更全面的风险评估成为可能，进而保险公司将获得更精准、

---

[①] 张一：《智慧保险：保险业数字化转型战略与路径》，化学工业出版社2024年版，第76-80页。

合理的保险产品定价模型。此外，对于寿险和健康险等人身保险产品，可穿戴设备技术将能够收集的客户数据扩展至保险客户日常生活的方方面面，为保险机构精准提供客户的生活习惯与身体状况等信息。在此基础上，保险机构利用大数据技术对收集到的客户信息进行系统、客观地分析，例如运动信息、饮食信息、作息信息等，然后为客户量身制定保单，实现动态定价，提高产品的需求度。

（3）理赔管理

对保险公司而言，保险理赔也是一项重要的工作任务，良好的理赔服务是保险公司声誉的保证，同时也能够提高公司的盈利能力，对保险公司的长远发展具有重要意义。传统的理赔管理方法通常会面对十分棘手的问题，比如理赔效率低、保险金无法及时赔付等。然而，大数据技术的应用将会有效提升核赔理赔的正确率与及时性。

进入大数据时代，保险公司可以对大数据、区块链、人工智能等技术进行综合利用，并搭建自动理赔系统，同时运用大数据技术实现保险赔付系统与客户之间的及时联系。该系统通过对客户数据的收集，能够获知客户是否需要理赔，并在客户满足理赔条件并提出索赔请求时进行系统自动赔付。以疾病险为例，保险公司可以借助大数据技术实时获取客户的诊疗信息与出险情况，进而及时开展救援、勘查、定损、理赔等服务步骤。

在理赔管理工作中，客户可以应用差异化的大数据技术采用不同的报案手段。若客户自行报案，保险公司可以借助大数据等技术连接客户的手机号码，准确分析定位信息；若客户无法自行报案，保险公司也可以根据获取的客户信息收悉客户的报案请求与具体位置，及时开展救援工作。在救援、勘估人员到达出险位置时，利用先进的卫星联通设备来获取和发送事故现场的一手照片或视频，保险中心平台通过分析这些获取的资料来确定责任方，再根据结果作出赔付或拒赔的决定。

此外，大数据技术也可以应用于保险公司与第三方机构的合作之中。比如，保险公司可以与汽车维修店合作，获取投保车辆的维修、保养信息，通过分析这些数据来掌握汽车的车况，从而当汽车出险时第一时间进行自动核赔理赔；再比如，保险公司也可以与气象部门合作，获取某地准确的气象信息，当出现自然灾害损害农作物时，第一时间实现定损理赔；保险公司也常常与医院展开合作，当客户患有重大疾病时，保险公司可以直接通过医院获取病人的详细诊疗信息，并及时对保险客户进行人身保险的赔付。大数据技术应用于保险理赔中，能够有效提升定损理赔的准确度与效率，进而维系客户与保险公司之间的信任关系。

（4）反欺诈

传统保险业中，保险欺诈案件经常发生，这也是保险公司长期以来难以杜绝的一个问题。科学技术的进步反而为保险欺诈的不法分子创造了更多的诈骗机会，借助互联网技术，保险诈骗分子的欺诈手段越来越先进，他们时常对保险数据、证件资料等作假，通过专业化的欺诈方式获取高额的保险金。尽管保险公司会在定损理赔时对相关信息进行严格的审查，但限于传统业务模式的短板，人力物力的短缺等，理赔审核的效果并不理想，因此传统反欺诈方法的成效欠佳。

保险公司长期以来都在不断探索更为有效的反欺诈方法，在传统保险业中，较常用的手段是保险公司通过制定各式复杂的审核标准，为理赔人员实施核赔设定可行的方案。然后，理赔人员将结合这些标准和自身长期从事理赔工作积累的经验，对客户的索赔申请进行研判。但这种传统方法存在极大的局限性，比如审核标准固定死板，对理赔人员的审核经验提出了极高的要求。

相较而言，大数据技术的应用能够有效提升反欺诈的效果，保障保险公司与广大被保险人的合法权益。保险公司可以创建投保信息共享平台，并建立反欺诈的数据模型和数据库，在客户申请理赔时，数据模型与数据库能够对客户提供的详细索赔信息进行综合分析与研判，及时发现异常客户信息，自动查找关键证据，警示核赔人员，从而提升保险反欺诈审核的速度与效果。

2. 云计算技术在保险业中的应用

云计算是保险机构实现数字化升级的重要保障。具备云计算能力的保险平台，具有算力可扩展、运行稳定、客户体验良好等优点。云计算技术的运用推动了保险行业的创新发展。

运用云计算技术使算力资源得到更合理的分配，实现保险业务降本增效。[①] 云计算技术在保险行业的实际运用主要体现在以下方面：

（1）云计算技术可以实现灵活分配算力

一方面，云计算的服务模式可以实现对保险机构的全部基础设施的共享利用，对各个数据终端的各类数据资源进行计算整合。另一方面，云计算能够满足保险机构灵活部署算力资源的需求，解决工作量大导致的算力不足的问题，保证保险机构的运营能力。

（2）云计算技术有助于增强算力，保障保险机构的承保与理赔效率

保险机构能借助云计算技术提升现有算力，同时处理海量数据，从而提高保险机构在处理保单高发时期的算力，有效保障了承保与理赔效率，减少保险机构因算力不足导致的业务损失，以及后期核保失

---

① 曾燕：《数字保险导论》，高等教育出版社2023年版，第47页。

误造成的损失，有效提升了客户的服务体验。

运用云计算技术助力保险业发展的典型案例是中国人寿寿险对云计算技术的运用。国寿寿险打造了"应用低成本及时接入、海量数据统一纳管、弹性资源快速扩容、分层管理安全合规"的非结构化数据存储及应用平台。该平台有效解决了数据管理混乱、算力低下等传统遗留问题，对海量客户数据进行了安全高效的管理。

3. 人工智能技术在保险业中的应用

针对保险行业，通过人工智能技术的应用能够对保险机构的管理流程和经营模式进行改造升级，并以提高经营效益为目标不断加强新型保险产品的开发与销售，从而加快保险行业现代化转型的步伐。保险行业属于数据密集型行业，其业务发展需要依靠海量的数据，而人工智能是以大数据作为基础而得以运用的技术，在属于数据密集型的保险业中往往能够发挥更大的作用。由此可见，将人工智能应用于保险行业将能够推动其快速发展。具体来说，人工智能可以利用大数据技术分析保险机构大量的数据，并根据分析结果为保险行业设计算法数据模型，驱动保险行业的创新发展。算法模型将会利用大量数据进行自我学习和训练，算法将逐渐趋于成熟，数据处理的准确性也会得到极大提高，能够在保险经营中发挥出巨大的作用。此外，人工智能算法模型还将有助于加强保险行业对数据的重视，让保险行业充分挖掘与保持自身的数据利益，扩展数据的潜在价值，并构建自身专有的数据库，从而解决产品定价、销售、定损、理赔、反欺诈等各个环节中存在的问题。[1]

---

[1] 张一：《智慧保险：保险业数字化转型战略与路径》，化学工业出版社2024年版，第57—61页。

（1）人工智能技术的智能定价功能

保险产品的定价是保险产品销售的重要内容，合理的定价有利于保障投保人、被保险人以及保险公司的权益。目前，保险公司可以利用大数据、人工智能等先进技术采集和分析保险消费者生活习惯、健康情况、历史投保记录等个人信息，进而了解其投保偏好，以便为其打造个性化的保险产品，并针对不同的投保对象提供差异化定价服务，从而通过特殊的产品定制和定价提高保险产品的吸引力，切实满足各类消费者的保险需求。自动泊车责任保险、特斯拉保险等适用于特定自动驾驶机动车的特有险种已步入市场。[1]

例如，车险是我国产险市场中的最大类的险种之一，传统的车险定价通常只参考被保险车辆的车型、车龄、车辆配置、出险次数等一般化的因素，以较为统一的定价模式进行定价。但粗放的定价方式缺乏对车主个性化差异的考量，不利于保险公司实现精细化管理。人工智能技术普及推广之后，保险公司能够掌握更细致的客户个人信息，从而通过数据分析实现个性化、差异化的风险分析，提高预测风险发生概率的准确性，提高定价的准确程度。

（2）人工智能技术的智能理赔功能

通常在保险理赔环节，被保险人或受益人需要向保险公司递交相关的证明材料，经过保险公司查勘定损后才能获得保险金的赔付。保险公司的审核流程往往十分漫长，存在效率低、周期长、错误率高等缺点，因此保险客户往往要在理赔环节耗费大量时间成本，给自身造成不必要的损失。由此，客户的体验感会变差。但若盲目提高索赔效率，则会导致保险欺诈案件频繁，因此保险公司亟须解决理赔的

---

[1] 冯子轩：《人工智能与法律》，法律出版社2020年版，第120页。

准确率与效率的问题。

互联网在保险领域的应用为保险公司实现了远程定损，而图像识别、智能学习等人工智能技术的发展和应用则进一步提高了远程定损的速度与准确率，提升了保险行业远程定损理赔的自动化操作，为远程查勘定损奠定了基础。一方面，保险公司可以利用互联网、人工智能等技术实现全部的线上理赔流程，让被保险人或保险受益人只需通过线上提交单据、发票、损失证据等资料，完全实现理赔的自动化操作，从而实现了真正的快速理赔服务，甚至所有赔付流程在一天之内或一小时之内完成。另一方面，人工智能融合了语音识别、图像剖析、视频分析等多种先进技术，能够利用数据库和数据分析技术对出险场景、事故损毁情况等进行自动、高效、准确的比对剖析，并得出合理的定损结论，彻底实现高效赔付。此外，人工智能还能通过学习数据库涵盖的欺诈预测模型，帮助保险公司规避大部分的欺诈性索赔案例，减少保险业务的损失。可以说，人工智能技术在保险领域的应用，能够在很大程度上平衡理赔效率与理赔准确率不可兼得的问题。近几年，很多保险公司在增加开发和升级人工智能理赔技术方面投入了大量人力、物力等资源，积极利用人工智能技术赋能保险理赔业务。

（3）人工智能技术的智能风控功能

随着人工智能等先进技术在保险理赔领域的应用越来越深入，保险行业反欺诈的成功率大幅提升，保险公司对保险欺诈手段的识别和监控能力有了质的飞跃。

大数据提升了保险行业传统反欺诈方式缺乏数据支撑的短板，在面对未知的欺诈模型时也能够精准识别，能够同时发现多类型保险欺诈行为，从而优化理赔流程，提高保险理赔的合理性，并帮助保险企业减少在理赔方面的成本支出。保险行业可以利用人工智能和图像视频识别技术对客户提交的影像资料进行识别分析,从而有效化解保险欺诈问题。典型的案例是人工智能技术被应用于寿险领域,基于人工智能和图像分析技术,保险公司能够根据照片、视频与被保险人的身体特征等方面进行精准比对,以判断出被保险人是否已经过世,从而杜绝出现被保险人死亡但有关人员骗取生存保险金的保险欺诈行为。此外,车险理赔中也大量运用了人工智能技术来规避理赔欺诈风险,保险公司融合了物联网和人工智能技术实时获取被保车辆的行车记录、行驶里程、具体位置、驾驶人员的驾驶习惯等数据信息,结合事故发生的时间、地点以及报案时间等信息,从而实现规避保险诈骗的目的。

4.区块链技术在保险业中的应用

保险机构近期开始利用区块链技术来提升保险业务品质。具体而言,区块链技术在保险中的应用主要包括以下三个方面。[①]

(1)智能合约技术实现简化合约流程

区块链的智能合约技术促使保险业务流程各环节在无须人工介入或保险机构干预的情况下自动实施,其中最为主要的是智能合约技术,该技术实现快速理赔,防止保险机构不当拒赔、减赔或拖赔现象的发生。智能合约技术将实现保险合同条款的代码化,通过计算机编码形成合同条款的数字化,结合用户信息进行大数据比对,自动触发并执行智能合约。计算机可自动判断被保险人是否满足赔付要求,若被保险人或受益人满足智能合约设定的理赔条件,将触发保险理赔,去中心化的区块链技术降低了保险机构违约操作、拒绝理赔的可能。

---

① 曾燕:《数字保险导论》,高等教育出版社2023年版,第45-46页。

（2）运用时间戳技术促成历史记录的不可更改

区块链技术具有数据不可篡改的特性，这使时间戳技术得以运用，确保了保险公司数据将按照时间顺序存在于区块之中。每一个区块上记录的数据都真实可靠，该技术的应用有效降低了通过伪造客户身份、篡改核赔信息等欺诈行为的发生概率。同时，保险机构也能通过存储数据对客户的交易记录、索赔历史进行查询，防止欺诈、骗保行为的再次发生，提高了保险金赔付的可靠性。

（3）分布式存储技术构建数据库系统，提升客户信任感

区块链技术的运用，使数据具备了区块链的技术特性，比如去中心化、开放性、不可篡改，有效保障了数据的可靠性和安全性。首先，保险机构可以利用区块链技术建立客户信任度极高的数据库系统。其次，由于区块链具开放特性，使得客户与保险机构之间的信息不对称被显著降低。例如，保险机构可以一起建立区块链联盟，通过区块链平台进行交易达成与结算，并运用智能合约技术自动执行保险合约，避免违约行为的发生，极大提高了客户对保险机构的信任感。

5. 物联网技术在保险业中的运用

物联网是一种融合了智能感知、智能识别、智能收集数据等多种技术的新兴科技，能够将各种传感器、控制器等设备通过网络予以联通，实现人与物、物与物之间有效交流，进而实现在信息交流和智能管理方面的应用。物联网技术在保险机构的产品研发、高效运营、服务创新方面都能发挥重要作用。

首先，在物联网时代，保险产品的用户将不断细化，呈现出差异化的发展趋势。为了顺应这一趋势，保险公司将改变过去大而全的产品结构，转向为客户定制个性化的保险产品。为此，保险公司需要适应这一变化，调整传统的保险产品，大力开发针对不同群体的特异性

产品，不再追求保险产品一定被大多数客户接受，而是专注于在准确计算风险的基础上提高产品的客户满意度。

其次，保险公司获取客户信息时需要投入大量时间与精力，但在物联网技术的支持下，保险公司更为迅速、快捷地获取客户信息。然后，根据用户的特定需求推出不同的保险产品，提高用户的满意度。理赔部门也可以借助物联网技术打造一个自动化的核赔程序，提高保险查勘、定损以及理赔的效率。在事故查勘定损的过程中，保险公司可以利用安装在用户所在地或风险发生地的传感器收集、处理出险信息，并将这些信息实时传输到理赔中心进行分析，再作出是否理赔以及赔偿数额的决定。在物联网模式下，保险公司不必花费很多时间、投入大量的人力物力进行现场勘验，节省了时间成本与人工成本，而且减少了定损理赔的时间，使理赔效率得到了大幅提升。

最后，在物联网技术的支持下，保险产品的功能不再是简单的保险理赔服务，将延伸至风险监测等服务，例如工厂火灾隐患的排除、用户健康状况的反馈、车辆行驶状态的记录等。

将物联网技术运用于保险业的典型代表如众安保险于2015年推出的"步步保"健康险，该险种借助了可穿戴设备记录，反馈用户的身体状况与活动信息。保险用户可将当日运动步数直接兑换成保险金额，运动量越大则保额越高，通过检测用户的运动状况实现保险金额动态调整。

## 二、保险法治新思维

党的十八大以来，数字经济在我国获得持续快速发展，并成为推动中国经济高质量发展的重要力量。党中央、国务院以及中国人民银行、国家金融监督管理总局等金融行业监管部门出台多项政策，为行业实施科技创新提供了指引和依据。例如，2022年3月，中共中央办公厅、国务院办公厅印发《关于加强科技伦理治理的意见》，对加强科技伦理治理作出系统部署，是我国首个国家层面的科技伦理治理指导性文件。2022年12月，中共中央、国务院发布《关于构建数据基础制度更好发挥数据要素作用的意见》，提出"探索建立数据产权制度，推动数据产权结构性分置和有序流通，结合数据要素特性强化高质量数据要素供给；在国家数据分类分级保护制度下，推进数据分类分级确权授权使用和市场化流通交易，健全数据要素权益保护制度，逐步形成具有中国特色的数据产权制度体系"。2022年1月，中国人民银行印发的《金融科技发展规划（2022—2025）》提出了金融科技发展指导意见，明确了金融数字化转型的总体思路、发展目标、重点任务和实施保障。2022年1月，银保监会办公厅印发《关于银行业保险业数字化转型的指导意见》，该意见要求以数字化转型推动银行业和保险业高质量发展，构建适应现代经济发展的数字金融新格局。

在此背景下，我国的保险法治也取得了长足进步，各层级法律文件相继出台，为新兴科技融入保险等金融领域创造了良好的法治环境，为保险科技的持续、深入发展提供了坚实的保障。下文首先回顾我国各层级立法与执法机构已经颁布的涉及网络与数字技术的法律文件；其次，剖析新兴科学技术应用于保险领域时依然需要面对的法治问题，旨在为我国互联网与数字保险行业的发展建言献策。

（一）我国网络与数字立法回顾

1. 全国人大常委会颁布施行的法律

2004年8月28日，全国人大常委会审议通过《电子签名法》，2005年4月1日起施行。《电子签名法》分为五章，第一至第五章依次是总则、数据电文、电子签名与认证、法律责任与附则。《电子签名法》定义了数据电文、电子签名的概念、内涵、表现形式等，承认了两者的法律效力。《电子签名法》还规定了使用数据与电文，进行电子认证的法律规则，明确了违反《电子签名法》应承担的法律责任，为网络交易的发展奠定了法律基础。

2018年8月31日，全国人大常委会审议通过了《中华人民共和国电子商务法》（以下简称《电子商务法》），2019年1月1日正式施行。《电子商务法》分为七章，第一至第七章依次是总则、电子商务经营者、电子商务合同的订立与履行、电子商务争议解决、电子商务促进、法律责任与附则。《电子商务法》定义了通过互联网等信息网络从事销售商品或者提供服务的相关经营活动的交易主体，包括电子商务平台经营者、平台内经营者以及通过自建网站、其他网络服务销售商品或者提供服务的电子商务经营者。该法同时规定了电子商务合同的订立与履行规则；电子商务争议的解决途径；国家和地方各层级政府促进电子商务经济发展的方式、方法；电子商务经营者销售商品或者提供服务不履行合同义务或者履行合同义务不符合约定时依法应承担的民事责任。《电子商务法》同样适用于网络与数字保险交易，为网络保险合同的订立与履行，网络保险交易各项活动的开展提供了法律保障。

2021年6月10日，全国人大常委会审议通过了《中华人民共和国数据安全法》（以下简称《数据安全法》），2021年9月1日正式施行。《数据安全法》共分为七章，第一至第七章依次是总则、数据安全与发展、数据安全制度、数据安全保护义务、政务数据安全与开放、法律责任、附则。《数据安全法》首次以全国人大立法的形式确立了国家维护数据安全与发展的原则，建立了数据分类分级保护、数据安全应急处理、数据安全审查等数据安全制度，确立了利用互联网等信息网络开展数据处理活动的相关人员和部门应承担的维护数据安全的义务以及违反相关数据安全义务时应承担的法律责任。随着大数据、云计算、人工智能、区块链、物联网等现代技术被保险行业吸纳并运用于保险交易的各环节之中，保护客户的各项数据安全成为保险机构应尽的义务，《数据安全法》的颁布施行极大提升了保险行业的数据安全保障意识。

2021年8月20日，全国人大常委会审议通过了《个人信息保护法》，2021年11月1日正式施行。《个人信息保护法》共八章，第一至第八章分别为总则、个人信息处理规则、个人信息跨境提供的规则、个人在个人信息处理活动中的权利、个人信息处理者的义务、履行个人信息保护职责的部门、法律责任、附则。《个人信息保护法》规定了个人信息处理者处理个人信息的有关规则，个人信息处理者向境外跨境提供个人信息的规则，个人在处理个人信息活动中的各项权利，个人信息处理者处理个人信息时应履行的义务，承担保护个人信息职责的相关部门履行保护职责的规范，以及违反个人信息保护义务时应承担的法律责任。保险行业往往能够接触到大量的客户个人信息，尤其是网络与数字保险业务的开展，使客户的个人信息大量存在于虚拟世界中，如何保护保险客户的个人信息成为网络和数字保险未来能否被更多客户接受的关键，也是保险业持续发展的核心所在。由此观察，《个人信息保护法》的出台无疑将有利于保险行业的长远发展。

2. 国务院各部门制定的部门规章

2006年3月1日，原中国银行业监督管理委员会制定的《电子银行业务管理办法》与《电子银行安全评估指引》开始施行，有效弥补了网上支付法律法规的欠缺，为互联网保险保费与保险金的支付提供了法律依据。

2012年4月，保监会办公厅颁布了《关于进一步规范互联网业务的通知》。该通知限定了开展互联网保险业的主体只能是保险公司、保险代理公司、保险经纪公司，其他单位和个人则不得擅自进行互联网保险业务，包括通过互联网推荐保险产品、为保险合同的订立提供其他中介服务等。

2014年1月，保监会印发了《加强网络保险监管工作方案》。该方案以保护保险消费者合法权益为目的，以完善网络保险监管制度为保障，以防范化解网络保险创新风险为目标，提出应切实加强保险消费者风险教育工作，加大网络保险犯罪打击力度，着力构建加强网络保险监管工作的长效机制。

2020年12月，银保监会颁布了《互联网保险业务监管办法》，该办法已于2021年2月1日起正式施行。《互联网保险业务监管办法》共由五章组成，旨在实现规范互联网保险业务、有效防范风险、保护消费者合法权益以及提升保险业服务实体经济和社会民生水平的目的。它系统规定了互联网保险业务的内涵、实施互联网保险业务的主体、开展互联网保险业务的基本规则与特别规则以及银保监会对互联网保险业务的监督职责，为网络保险业务的长远发展提供了法律保障。

2021年10月，银保监会办公厅作出了《关于进一步规范保险机构互联网人身保险业务有关事项的通知》。该通知为加强和改进互联网人身保险业务监管，规范市场秩序、防范经营风险，促进公平竞争，切实保护保险消费者合法权益，就保险机构经营互联网人身保险业务进行了规范。依据该通知，经营互联网人身保险业务的保险机构应从加强能力建设、提升经营服务水平，实施业务专属管理、规范市场竞争秩序，充实监管机制手段、强化创新业务监管三个方面改善自身的业务能力。

以上是我国目前已经颁布、正在施行的涉及互联网与数字保险业务的法律文件。这些法律文件的施行完善了我国保险业科技立法，填补了我国在互联网与数字保险立法方面的不足，共同构成了我国互联网与数字保险的法律体系，为通过现代技术开展保险业务的法治化构筑了坚实的基础。

**（二）互联网与数字保险面对的法治困境与挑战**

随着互联网与数字技术越来越多地服务于保险行业，新兴技术促进保险业高质量发展的同时，也亟须面对其带来的法治困境与挑战。新兴技术背景下，保险法治需要面对以下三个方面的问题：第一，保险交易中的信息披露制度是否需要升级完善以适应互联网与数字保险的普及；第二，保险人利用新兴技术获取相关数据用以决定是否承保或确定保费数额时是否存在算法歧视；第三，保险人在大量获取被保险人数据的同时，如何保护保险消费者的个人信息。

1. 保险交易中信息披露制度的完善

众所周知，保险交易建立在最大诚信原则的基础之上，保险合同当事人的信息披露义务是该原则重要的制度表现，其中既包括投保人的告知义务，也包括保险人的说明义务。

《保险法》第十六条对投保人的告知义务作出了明确规定。依据该条文，订立保险合同时，保险人就保险标的或者被保险人的有关情况提出询问的，投保人应当如实告知；投保人故意或者因重大过失未履行前款规定的如实告知义务，足以影响保险人决定是否同意承保或者提高保险费率的，保险人有权解除合同。可见，《保险法》采用询问告知主义的立法模式，投保人应向保险人告知保险人询问的、与订立保险合同相关的重要事实，投保人对此不得刻意隐瞒，否则即认定其违反告知义务。投保人告知保险人与保险标的或被保险人的有关情况构成了保险精算的基础，所以投保人的告知义务被视为强制性的法律规定。

投保人负担告知义务的理论前提在于投保人与保险人之间存在的信息不对称，在保险人不了解投保人的相关信息时，无法作出与承保相关的合理判断，为保险欺诈的滋生创造了土壤。然而，随着大数据、物联网、人工智能等新兴技术的运用，保险人的信息获取能力大幅提升，已经不能与传统模式下保险人的信息获取能力同日而语。因此，很大程度上，保险人对保险标的或被保险人情况的掌握甚至超过了投保人，传统保险模式下建立在信息不对称基础之上的告知义务需要得到完善，以降低投保人的信息披露责任。例如，在保险人具有足够能力去主动获知的、与保险标的或被保险人相关的信息，即保险人经过必要的查询应当知道的信息，投保人无须履行告知义务。较为典型的情况是，储存在保险人内部数据库的、能够查询到的与被保险人相关的历史投保信息，即使投保人未告知，也不应使其承担未履行告知义务的法律后果。总而言之，投保人的信息披露义务应弱化。

再者，对于保险人的说明义务，《保险法》第十七条作出了规定。即订立保险合同，保险人采用格式条款的，保险人应当向投保人说明该条款的内容；对保险合同中免除保险人责任的条款，保险人在订立合同时应当在投保单、保险单或者其他保险凭证上作出足以引起投保人注意的提示，并对该条款的内容以书面或者口头形式向投保人作出明确说明。在保险人依赖大数据、物联网、人工智能等新兴技术获取大量数据时，其负担的信息提供义务也相应增加。特别是在保险人收集到与被保险人或保险标的相关的非风险信息（即不会直接导致保险事故，但与保险事故的发生存在关联的信息）情形下，保险人若基于这些非风险信息作出与承保相关的决定，保险人应向投保人或被保险人作出说明。因为保险人通过新兴技术获取的信息可能存在错误，或与承保费率无关，投保人或被保险人应享有获知该类信息并作出更正的权利。因此，保险人的说明义务不应仅局限于格式条款和免责条款，而应进一步扩大。

2. 新兴技术与算法歧视

在保险人通过大数据技术收集与保险标的或被保险人相关的信息时，保险人会利用算法对该类信息进行风险分类，并基于相应的风险信息向投保人收取不同数额的保费。比较常见的是被保险人的年龄、性别、种族、职业、经济水平、第三方平台信息等因素。这就可能导致算法依据这些因素将被保险人进行无差别分类的情形，从而导致风险低的被保险人反而被收取高额保费的不公平结果的发生。例如，基于社会大众对女司机的偏见，女性司机在机动车责任保险中会因此收取高于男性司机的保费；另外，基于年轻司机往往更向往高速驾驶的设定，对于年纪小的车主收取较高的保费。但实际上，某一位女性司机或年轻司机十分注重驾驶安全与对交通规则的遵守，他们应被收取低于一般数额的保费。对于经济水平中等偏上的保险消费者，算法倾向于认为其更注重防止保险标的损失的发生，而对于经济水平处于下游的保险消费者，算法倾向于认为其不注意维护保险标的的安全，因此对其施加更为高昂的保费，这也是算法歧视常会发生的情形。再者，算法会为保险人筛选条件更为优越的保险消费者，促成保险人与该类消费者缔结保险合同。由此导致的负面影响是，没有保险人愿意与条件较差的保险消费者缔结保险合同，使其不能获得保险保障，从而给全社会带来不安定因素。

在利用大数据算法对信息进行甄别与筛选时应注意避免上述情形

的发生，保险人应适时修正算法结果，剔除算法歧视的发生，特别是不将非风险因素作为保险承保或保费数额等决定的认定依据，为保险消费者创造公平的市场环境。

3. 保险消费者个人信息的保护

尽管通过对大数据、物联网、云计算等技术手段的运用，保险人在产品设计、防止保险欺诈、提升承保与理赔效率方面更具优势，但保险人同时也掌握了巨量的涉及被保险人或保险标的的私人信息。这就为保险消费者个人信息的泄露带来了隐患。虽然我国已颁布实施《个人信息保护法》，但保险领域的个人信息保护在司法实务中依然面对大量需要解决的问题。在此背景下，学术界与实务界提出了以下的完善对策。

首先，应构建保险业个人信息保护的行业自律机制。由保险业协会制定相应的自律规章，确立统一参照的保险行业个人信息保护标准或颁布保险行业个人信息保护实施细则，这其中应包括个人信息收集制度、个人信息利用制度、个人信息保密制度等。[1] 在制定相关自律规章或实施细则之后，保险业协会应组织全国保险企业统一参照适用，自觉履行个人信息保护的义务。

其次，保险企业应遵守《民法典》与《个人信息保护法》的相关规定，在利用保险消费者个人信息时，应采取"知情—同意"规则，确立保险消费者在个人信息利用上的自主选择权。[2] 否则，未经保险消费者的同意，擅自利用消费者的个人信息时，保险企业应承担相应

---

[1] 周伟萌、齐爱民：《论我国保险业个人信息保护的行业自律》，载《甘肃社会科学》2011年第5期。

[2] 田宇申：《互联网保险中个人信息保护的法律规制——以个人信息保护政策为切入》，载《兰州学刊》2021年第9期。

的法律责任。同时，也应控制保险人对消费者个人信息的使用方式与使用领域，防止对个人信息的滥用。

最后，保险企业面对消费者的个人信息时，应确立保险消费者个人信息的分级保护制度，严格区分敏感信息、私密信息与非敏感信息、非私密信息，在保险人侵害消费者个人信息时，司法上应针对信息类型采取不同归责原则追究保险人的法律责任。[1]

总之，保险消费者的个人信息保护是近年司法实践中遭遇的新兴问题，保险行业还需要结合司法实务经验构建特别适用于保险行业的消费者个人信息保护规则。

---

[1] 范庆荣：《保险消费者个人信息保护的困境疏解》，载《保险研究》2023年第2期。

# 第七章 保险法治的国际化

## 一、保险业的国际化

我国保险业坚持"引进来"和"走出去"相结合,在国际化进程上采取谨慎而渐进的节奏。按照时间节点,可将我国保险业的国际化划分为以下四个阶段。

### (一)保险业国际化的探索阶段(1978—1992年)

1978年以来,我国确立了改革开放的基本国策,保险业国际化是改革开放的重要内容之一。1979年起,国务院在沿海省市设立了经济特区。为了促进经济特区的经济发展和保险业发展,1982年香港民安保险有限公司(现更名为"亚太财产保险有限公司")在深圳设立分公司,成为改革开放以后第一家进入内地市场的外资保险公司,之后外资保险公司纷纷在华设立代表处。在这一阶段,以美国国际集团(American International Group)为代表的22家外资保险公司在华设立了28家代表处。[1]1980年中国人民保险集团股份有限公司驻伦敦联络处成立,这是改革开放之后内资保险公司首次走出国门。这些代表处和联络处的设立,既有利于内资保险公司直观了解外资保险公司,又为外资保险公司今后进入我国境内市场提供了基础。

---

[1] 石小军、成继跃:《新中国外资保险70年》,载《上海保险》2018年第11期。

## （二）保险业国际化的试点阶段（1992—2001年）

1992年上海成为对外开放保险业务的首个试点城市，美国友邦保险有限公司作为第一家外资寿险公司在上海设立分公司，自此正式拉开了保险业对外开放的序幕。1994年日本东京海上火灾保险株式会社上海分公司成立，是我国第一家外资产险分公司，也是第一家在我国取得经营许可证的日本保险公司。1996年11月，中宏人寿保险公司在上海成立，中方股东为中化集团财务公司，外方股东为加拿大宏利旗下宏利人寿，这是我国第一家中外合资人身保险公司。此后试点城市逐步扩大至广州、深圳等。2000年6月，中国太平保险集团股份有限公司在香港联交所挂牌上市。在这一阶段，一批外资保险公司进入我国保险市场，外资保险公司业务得到了较快发展。截至2001年中国加入世界贸易组织前，我国保险市场上共有外资保险公司29家，且保费收入从1992年的29.5万元增加到2001年的32.8亿元。[1]

## （三）保险业国际化的快速发展阶段（2001—2018年）

2001年12月11日，中国正式成为世界贸易组织第143个成员国。中国入世首席谈判代表龙永图说："中国入世谈判最艰难的部分是保险，而且中国入世谈判最后的一个堡垒也是在保险领域里完成的。"[2]

按照当时的入世承诺，中国入世时，允许外国非寿险公司在华设立分公司或合资公司，合资公司外资股比可以达到51%，中国加入后两年内，允许外国非寿险公司设立独资子公司，即没有企业设立形式

---

[1] 李佳：《改革开放四十年我国保险业国际化历程、机遇与挑战》，载《上海保险》2018年第12期。

[2] 《博鳌亚洲论坛秘书长龙永图：入世谈判最难啃的是保险》，载《国际金融报》2006年9月22日。

限制；中国入世时，允许外国寿险公司在华设立合资公司，外资股比不超过50%，外方可以自由选择合资伙伴；外资保险经纪公司方面，中国入世时，合资保险经纪公司外资股比可以达到50%，中国加入后三年内，外资股比不超过51%，加入后五年内，允许设立全资外资子公司。同时，还对外国保险公司在华经营的地域范围、业务范围等方面加以了一定限制。保险业的入世过渡期结束后，中国保险业基本实现全面对外开放，各个国际保险巨头快速涌入中国这个巨大的市场。

截至2017年底，外资保险机构的数量已达57家（不包含外资保险中介机构13家），其中，财产保险公司22家，人身保险公司28家，再保险公司6家，资产管理公司1家，占中国全部保险公司数量的30%。[1]内资保险公司在海外设立的保险机构和保险资产管理公司有31家，其中境外投资的专业子公司有12家。[2]

**（四）保险业国际化的全面发展阶段（2018年至今）**

我国金融业从2018年开始了新一轮的对外开放。包括放宽外资人身险公司外方持股比例至100%；取消外国保险经纪公司在华经营保险经纪业务需满足30年经营年限、总资产不少于2亿美元的要求；允许外国保险集团公司投资设立保险类机构等在内的一系列利好政策，无疑展现了我国保险业对外资的欢迎态度。

2018年11月，安联（中国）保险控股有限公司获批筹建，成为我国首家外资控股保险公司，也是我国保险业进一步对外开放的标志性事件。2019年3月，中英合资的恒安标准养老保险有限责任公司获

---

[1] 石晓军、成继跃：《新中国外资保险70年》，载《上海保险》2018年第11期。
[2] 冯占军、刘延辉等：《保险业加快对外开放与国际化》，载《保险理论与实践》2018年第6期。

批筹建，这也是我国首家外资养老保险公司。2020年6月，美国友邦保险有限公司上海分公司获批改建为友邦人寿保险有限公司，成为国内第一家外资独资人身险公司。2023年11月8日，国家金融监管总局公布了《关于宝马（中国）保险经纪有限公司经营保险经纪业务的批复》《关于安顾方胜保险经纪有限公司经营保险经纪业务的批复》，批准两家外资保险经纪公司经营保险经纪业务。这是国家金融监管总局成立后首次批复保险经纪牌照，也是时隔5年保险中介牌照审批再开启。

另外，保监会发布的《关于保险业服务"一带一路"建设的指导意见》（保监发〔2017〕38号）明确提出融入"一带一路"建设是建设保险强国的必由之路；鼓励创新保险产品服务，支持保险业稳步"走出去"，构建"一带一路"保险服务网络。2018年，中国太平洋保险集团响应"一带一路"倡议开发专属人员意外伤害保险服务产品；中国人寿保险公司提供的"一带一路"专属保险服务构建了意外、医疗、紧急救援和住院津贴等多层次境外人员保障体系；针对国际贸易中存在的货物运输意外损失等潜在风险，中国人民保险集团拓展包括远洋船舶险、进出口货运险等在内的保险产品；中国平安财产保险公司积极投身"一带一路"倡议实践，已为"一带一路"沿线及全球共132个国家和地区的设施及人员提供风险保障。[①]2020年，在银保监会指导下，中国"一带一路"再保险共同体正式成立。可见，随着"一带一路"倡议持续推进，我国保险业国际化发展水平取得了显著成效。

---

① 荆逢春、李靓：《保险业国际化助力"一带一路"基础设施高质量发展》，载《保险理论与实践》2023年第9期。

## 二、保险法治国际化的趋势

英国学者施米托夫曾指出:"没有任何一个国家把商法完全纳入国内法。即使在这一个时期,商法的国际性的痕迹依然存在,凡是了解商法的渊源和性质的人,都能看到这一点。"[1] 至现代,保险法因世界交通进步、万国通商等方面的因素,已渐成为具有国际性的法律。我国保险法治亦呈现出国际化的趋势。

### (一)保险合同法国际化趋势

从内容上看,保险合同法包括以下三方面:一是保险合同的一般规定,二是人身保险合同的规定,三是财产保险合同的规定。在这些方面,我国保险合同法具有国际化的趋势。

1. 保险合同一般规定的国际化

(1) 关于保险利益原则

两大法系保险法中,保险利益原则通常被视为核心内容。缺乏保险利益,则保险合同无效。这被视为事关公共利益的维护,因而不允许当事人以自己意思加以变更。[2] 保险利益原则起源于英国。[3] 1746年英国《海上保险法》规定任何人如果对船只和货物除保单外再无其他存在利益的证据,或只为赌博目的,均不能投保,否则合同无效。该法随后为美国、加拿大、澳大利亚等各主要普通法

---

[1] [英]施米托夫:《国际贸易法文选》,赵秀文译,中国大百科全书出版社1993年版,第10—11页。

[2] 邹海林:《保险法教程》,首都经济贸易大学出版社2002年版,第58—59页。

[3] [美]小罗伯特·H.杰瑞、道格拉斯·R.里士满:《美国保险法精解》,李之彦译,北京大学出版社2009年版,第101页。

系国家所继受。[①]在大陆法系与北欧地区，保险利益原则也得到了普遍认可。[②]1995年我国制定的《保险法》第十一条规定，"投保人对保险标的应当具有保险利益，投保人对保险标的不具有保险利益的，保险合同无效"，从而在我国确立了该原则。

不过，英美法系保险法多认为，财产保险利益是被保险人对保险标的具有的可衡量的经济利害关系；人身保险利益是基于投保人与被保险人之间特定关系而生成。而德国、意大利、日本等部分大陆法系国家则将保险利益原则限制适用于补偿保险，对给付保险则改采同意原则。即在给付保险中，被保险人的同意为保险合同生效要件，并无保险利益存在的余地。[③]2009年我国修订的《保险法》第十二条规定"保险利益是指投保人或者被保险人对保险标的具有的法律上承认的利益"，且对人身保险的保险利益和财产保险的保险利益分别作了规定。这些规定部分借鉴了英美保险法上保险利益原则的内容。

（2）关于告知义务

告知义务是保险合同最大诚信原则的集中体现，各国保险法历来重视对告知义务的规范。它滥觞于海上保险时期。在自确立起至今天近300年的历程中，历经了从判例法到成文法的创制过程，发生了从客观主义到主观主义、从无限主义到有限主义的理念革新，从严格走

---

[①] See C Brown, Insurance Law in Canada, Carswell, 2008, p.84. 转引自马宁：《保险利益原则：从绝对走向缓和，抑或最终消解？》，载《华东政法大学学报》2015年第5期。

[②] See D. Campbell, International Insurance Law and Regulation, Oceana Publications, 1994, p.325. 转引自马宁：《保险利益原则：从绝对走向缓和，抑或最终消解？》，载《华东政法大学学报》2015年第5期。

[③] 樊启荣：《保险法》，高等教育出版社2010年版，第50-51页。

向宽松的法律改革。[①]1995年我国《保险法》第十六条第一款也确立了投保人的如实告知义务："订立保险合同，保险人应当向投保人说明保险合同的条款内容，并可以就保险标的或者被保险人的有关情况提出询问，投保人应当如实告知。"对违反如实告知义务的后果，该条第二、三款作了明确规定。2009年我国修订的《保险法》第十六条使用6款条文对告知义务制度进行了系统修订，统一了保险人合同解除权的行使及其限制规范，2013年《保险法司法解释（二）》第五条至第八条细化了投保人告知义务的适用标准，形成了相对完整的投保人告知义务制度。

从告知义务的主体到告知的时间和方式、从告知的范围到违反告知义务的构成与后果，我国《保险法》都借鉴了其他国家的立法例。例如，我国《保险法》第十六条第二款中"足以影响保险人决定是否同意承保或者提高保险费率"的规定，显然被视为"重要事实"。这一规定来源于1906年英国《海上保险法》第十八条第（二）项，也与多数国家立场相近。[②] 借鉴国际惯例，2009年修订的《保险法》第十六条增设了保险合同"不可抗辩"条款，规定"自合同成立之日起超过二年的，保险人不得解除合同"。不过，我国《保险法》虽经多次修改，在违反告知义务的后果上仍采取或者全赔或者全不赔的"全有全无模式"。晚近以来，英、德、法、澳等国在告知义务的改革上，均从"全有全无模式"转向了"对应调整模式"，使投保方在不实告

---

[①] 樊启荣：《保险契约告知义务制度论》，中国政法大学出版社2004年版，第2页。

[②] 马宁：《保险法如实告知义务的制度重构》，载《政治与法律》2014年第1期。

知情况下不当然丧失全部保险金。[①]

(3)关于疑义利益解释规则

此种解释规则起源于罗马法"有疑义应为表意者不利益之解释"原则,其后为法学界所普遍接受,且为英美法和大陆法所采用。[②]在英美法中,确立了疑义利益解释规则,即当保险合同具有两种或两种以上的含义时,应当采取对起草人不利的解释。[③]在法国、德国、意大利、日本、荷兰、瑞典等国的相关法律均规定了格式条款应适用疑义利益解释规则。[④]1995年我国《保险法》第三十条规定:"对于保险合同的条款,保险人与投保人、被保险人或者受益人有争议时,人民法院或者仲裁机关应当作有利于被保险人和受益人的解释。"这表明参考国外保险法的相关规定,我国保险法中也设立了疑义利益解释规则。2009年修订的《保险法》第三十条又对该规则的适用作了修改,仅在适用保险合同的一般解释规则未能解决保险人与投保人、被保险人或者受益人之间争议的情形下,方可适用该规则。

此外,在保险合同的成立与生效、保险人的说明义务、危险增加时的通知义务等方面,都体现出了我国保险法国际化的趋势。

---

[①] 王家骏:《我国保险法告知义务"全有全无模式"之批判与制度改革选择》,载《法律科学》2018年第1期。

[②] 樊启荣:《保险合同"疑义利益解释"之解释——对〈保险法〉第30条的目的解释和限缩解释》,载《法商研究》2002年第4期。

[③] See Robert E Keeton, Insurance Law Rights at Variance With Policy Provisions, Harvard Law Review, 1970, vol. 83, p.967. 转引自孙宏涛:《保险法中的疑义利益解释原则》,载《北方法学》2012年第5期。

[④] 程兵、严志凌:《论保险合同条款的不利解释原则》,载《法学》2004年第9期。

2. 人身保险合同规定的国际化

（1）关于死亡给付保险被保险人的同意权

在英美法系，美国各州成文法及惯例上，对以死亡为给付保险金条件的人身保险合同的特别生效要件，采取"保险利益主义"和"同意主义"双重标准。例如，美国纽约州《保险法》第一百四十六条第三款规定："保险利益与被保险人同意同时具备始生效力。"现代英国保险法与美国逐步趋同，采用"利益主义与同意主义"的双重标准。在大陆法系国家，德国《保险合同法》第一百五十条、日本《商法典》第六百七十四条、意大利《民法典》第一千九百一十九条等均对以死亡为给付保险金条件的合同须经被保险人同意方可生效作了规定。[①]

1995年我国《保险法》第五十五条要求以死亡为给付保险金条件的合同，经被保险人书面同意方可生效。2009年修订后的《保险法》第三十四条规定删除了上述规定中的"书面"二字，将被保险人同意作为该类保险合同的特别生效要件。如此，与英美等国关于死亡给付保险被保险人同意权的规定相一致。至于被保险人对其同意的撤销问题，各国保险法均未规定。在我国，2015年《保险法司法解释（三）》第二条明确规定："被保险人以书面形式通知保险人和投保人撤销其依据保险法第三十四条第一款规定所作出的同意意思表示的，可认定为保险合同解除。"

（2）关于自杀条款

在人寿保险诞生后的18—19世纪的发展历程中，自杀条款毫无踪迹可寻；只是到了20世纪初，自杀条款才由美国法院通过一系列

---

① 樊启荣：《保险法诸问题与新展望》，北京大学出版社2015年版，第362-363页。

保险判例所创制。[①] 美国法院在"里特诉美国人寿保险公司（Ritter v. Mutual Life Insurance U.S）"案的判决中认为：自杀应否除外，应以被保险人缔约时是否即有自杀之意思为断；被保险人于缔约之时即已蓄意自杀或以谋取保险金给付者应属诈欺，保险人得据以免责；缔约后始萌生自杀之念者仍应由保险人承担，但鉴于被保险人于缔约时是否已萌自杀之意念实不易判断，因此，法律或保险单得规定自杀发生于保险契约生效经过一定期间后，始在承保范围内以示抑制。[②] 该观点被视为自杀条款的思想渊源。随后为各国保险法所接受，并创制了自杀条款。例如，德国《保险合同法》第一百六十一条第一款规定："在人寿保险合同中，如果被保险人在订立合同之日起 3 年内故意实施自杀行为，保险人无需承担保险责任。但如果行为人处于精神混乱状态并导致其无法正常控制其行为时，则前述条款不予适用。"意大利《民法典》第一千九百二十七条第一款规定："在被保险人自杀的情况下，除非有相反约款，对缔约不足 2 年时发生的，保险人不承担支付保险金的责任。"

在我国，自 1995 年《保险法》首次规定自杀条款以后，2009 年修订《保险法》时又对自杀条款做了较大修改，删除了原条款中"保险人可以按照合同给付保险金"这一模糊规定，增加了无民事行为能力人的除外适用条款和保险合同复效后免责期重新计算的规定。该法第四十四条关于"以被保险人死亡为给付保险金条件的合同，自合同

---

[①] 樊启荣：《人寿保险合同之自杀条款研究——以 2009 年修订的〈中华人民共和国保险法〉第 44 条为分析对象》，载《法商研究》2009 年第 5 期。

[②] See Payk J Harriton, The Presumption against Suicide-Is It Presumptions？A M. Council of Lifeins, Legal Sec. Proceeding, Nov.1983, p.279. 转引自樊启荣：《保险法诸问题与新展望》，北京大学出版社 2015 年版，第 380 页。

成立或者合同效力恢复之日起二年内,被保险人自杀的,保险人不承担给付保险金的责任,但被保险人自杀时为无民事行为能力人的除外"的规定,即参考了其他国家保险法的相关规定。

此外,我国保险法上关于年龄误告条款、复效条款等的规定,也具有国际化的趋势。

3. 财产保险合同规定的国际化

(1) 关于重复保险

对重复保险加以规范,是现代各国保险立法的通例。在吸纳各国保险法对重复保险的一般规定的基础上,我国《保险法》也建立了重复保险制度,以防止被保险人利用重复投保而获得不当利益。

从重复保险的构成要件上看,各国立法可分为广义与狭义两种不同体例。狭义重复保险是指投保人就同一保险标的、同一保险利益、同一保险事故与两个以上保险人分别订立数个保险合同且各保险合同约定的保险金额的总和超过保险标的的价值的行为。英国、德国、日本、韩国等均采取此种立法例。广义重复保险则指投保人对同一保险标的、同一保险利益、同一保险事故与数个保险人分别订立数份保险合同的行为,而各保险合同约定的保险金额总和是否超出保险标的的价值则在所不问。《意大利民法典》第一千九百一十条、《澳门商法典》第一千零二条所调整的重复保险关系可纳入广义重复保险的范畴中。[1] 我国 1995 年颁布的《保险法》第四十条第三款的规定即采广义重复保险立法例。不过,广义重复保险不仅不符合重复保险制度的立法意旨,而且没有实际意义。2009 年修订的《保险法》改采狭义重复保险的立法例,于第五十六条第四款增加了"保险金额总和超过保

---

[1] 温世扬、黄军:《复保险法律问题研析》,载《法学评论》2001 年第 4 期。

价值"这一构成要件。

对于重复保险的法律效力,各国保险法区分投保人的主观心理为善意和恶意两种样态,而为不同的法律评价。对于恶意重复保险,各国立法例多规定各保险合同无效。例如,《意大利民法典》《韩国商法》等均有相关规定。关于善意重复保险的法律效力,各国立法例所采取的模式不尽相同,主要有优先赔偿主义、比例分担主义、连带赔偿主义。我国1995年《保险法》第四十条第二款、2009年修订的《保险法》第五十六条第二款对重复保险的法律效力作了相同规定。与其他国家保险法不同的是,我国立法未区分恶意重复保险与善意重复保险,而是统一作了如下规定:"除合同另有约定外,各保险人按照其保险金额与保险金额总和的比例承担赔偿保险金的责任。"该规定显然采取了比例分担主义的立法模式。

(2)关于保险代位权

在1883年Castellain v.Preston案中,"代位权"一词首次在英美法中被明确地用于保险法中。[①] 对于保险代位权,英美法系与大陆法系分别形成了权利法定代位与法定的债权移转两种制度安排。在前者,保险人对被保险人进行保险赔付后,只是有权处于被保险人的地位而向第三人主张请求权,并有权对代位所得中被保险人的超额补偿部分主张补偿;在后者,保险人对被保险人进行保险赔付后,被保险人对于第三人之请求权即法定地移转给保险人,保险人因而可以在保险赔

---

① See M. L. Marasinghe, An Historical Introduction to The Doctrine of Subrogation: The Early History of The Doctrine I, 10 Val. U. L. Rev. 46 (1976). 转引自温世扬、武亦文:《论保险代位权的法理基础及其适用范围》,载《清华法学》2010年第4期。

付的范围内独立于被保险人而向第三人主张请求权。[1] 借鉴大陆法系保险法对保险代位权的规定，我国 1995 年《保险法》第四十四条至第四十七条、2009 年修订的《保险法》第六十条至第六十三条对保险代位权的成立要件和行使问题均作了明确规定。

不过，当保险人给付的保险金不能完全补偿被保险人所受到的损失时，就会产生保险代位权与被保险人损害赔偿请求权的受偿顺序问题。国外保险法多采取"被保险人优先原则"，即在被保险人获得全部清偿前，保险人不得行使代位权。[2] 而我国《保险法》中并无"保险人优先原则"的明确规定。

（3）关于责任保险

责任保险始创于法国，1804 年《法国民法典》规定赔偿责任之后，责任保险开始在法国出现；1857 年英国开办责任保险业务；美国的责任保险则产生于 1887 年后。[3] 责任保险制度的设计，最早是针对侵权责任且以汽车驾驶人对第三人的侵权责任，以及雇佣人对受雇人的侵权责任为主要领域。随着工商业的进步与保护被害人法益思想的发展，从 1920 年代至 21 世纪，责任保险呈现出以下趋势：诸多领域由"任意保险"向"强制保险"发展；由承保被保险人"过错责任"走向承保被保险人"无过错责任"；由承保"侵权责任"迈向承保"侵权责任"和"债务不履行责任"；由"填补被保险人因赔偿第三人所致损害"

---

[1] 黄丽娟、杨颖：《法定的债权移转之下的保险代位权制度的困境与选择》，载《现代法学》2012 年第 3 期。

[2] 江朝国：《保险法基础理论》，中国政法大学出版社 2000 年版，第 397 页；武亦文：《保险代位权与被保险人损害赔偿请求权的受偿顺序》，载《比较法研究》2014 年第 6 期。

[3] 邹海林：《责任保险论》，法律出版社 1999 年版，第 45 页。

迈向以"填补被害人的损害"为目的。[①] 因应上述发展趋势，许多国家的保险立法在责任保险的保险标的、第三人直接请求权、保险赔付等方面进行了改革和完善。[②]

适应责任保险发展趋势，我国1995年《保险法》第四十九条、第五十条对责任保险的含义、保险金的赔付等作了简略规定，2009年修订的《保险法》第六十五条增加了对第三人直接请求权和保险人赔偿保险金条件的规定。另外，2006年《机动车交通事故责任强制保险条例》、2012年《旅行社责任保险管理办法》、2017年《安全生产责任保险实施办法》、2020年《责任保险业务监管办法》等行政规章的出台，也对责任保险进行了规范。

此外，关于危险增加的通知义务、安全维护及施救义务等方面，我国保险法也呈现出国际化的趋势。

## （二）保险业法国际化趋势

国外的保险业法起步较早。在英国，1870年颁布了《寿险公司法》，对寿险公司加以规范，1909年又颁布《保险公司法》，将寿险公司的有关规定扩展到其他保险领域。与此同时，奥地利于1859年、瑞士于1855年、日本于1900年、德国于1909年也都制定了各自的保险业法。

在我国，1985年颁布《保险企业管理暂行条例》，首次对保险企业的资格等方面作了规定。1995年《保险法》关于保险业监管的规范集中在第三章保险公司、第四章保险经营规则、第五章保险业的监督

---

[①] 刘宗荣：《新保险法：保险契约法的理论与实务》，中国人民大学出版社2009年版，第346页。

[②] 樊启荣、刘玉林：《责任保险目的及功能之百年变迁——兼论我国责任保险法制之未来发展》，载《湖南社会科学》2014年第6期。

管理、第六章保险代理人和经纪人等 4 章之中。为贯彻实施《保险法》有关保险业法的规定，保监会于 2000 年颁布《保险公司管理规定》，中国人民银行于 1997 年和 1998 年颁行《保险代理人管理暂行规定》和《保险经纪人管理暂行规定》。由此，我国保险业法形成较为完备的体系。

2002 年，为适应加入世界贸易组织的要求，我国对《保险法》中有关保险业的规定作了修改，主要包括：保险资金的运用，保险条款和费率的审批，短期健康保险和意外伤害保险业务的兼营，个人保险代理人代理数量的限制等。2009 年，借鉴国外保险业法的经验，我国又对《保险法》中关于保险业的规定进行了修改。例如，关于保险资金的运用，从发达国家的情况来看，一般都允许保险资金用于投资不动产、银行存款、买卖有价证券、贷款以及投资保险相关事业。这次修改《保险法》适当拓宽了保险公司的资金运用渠道，允许保险资金用于银行存款、买卖债券、股票、证券投资基金份额等有价证券，投资不动产，以及国务院规定的其他资金运用形式；此外，还删除了禁止用于设立证券经营机构和向保险业以外的企业投资的规定。又如，原《保险法》中要求保险公司办理再保险应优先向中国境内的保险公司办理及保险监管机构有权限制或者禁止保险公司向中国境外的保险公司办理再保险分出业务或者接受中国境外再保险分入业务的规定，修订后的《保险法》第一百零五条只规定保险公司应按照保险监管机构的规定办理再保险并审慎选择再保险接受人，以与国际通行规则相一致。

近年来，我国逐步建立健全以偿付能力、公司治理结构和市场行为监管为支柱的现代保险监管体系，使保险监管的国际化达到新的水平。

# 第八章 保险法治典型案例评析

## 一、财产保险法治典型案例

### （一）为交通事故中无名氏死者所垫付的费用保险公司如何赔偿

**案情简介**：城市管理执法局机械化清扫队（被保险人）碾压无名氏导致无名氏死亡，死亡的无名氏的尸体在殡仪馆2年无人认领，后交通大队发出《尸体处理通知书》，殡仪馆随即进行火化。被保险人支付了火化费及高额停尸费用，因理赔时无法达成一致，被保险人起诉要求赔付。保险公司提出交警部门未按规定时间处理尸体，违规长时间保存，加重赔偿义务，原告未提异议并在未征得保险公司同意情况下支付不合理费用。

**生效判决**：法院判决，采纳保险公司意见仅支持合理部分费用，驳回原告某市管理执法局机械化清扫队的其他诉讼请求。

**案件评析**：本案案由为保险合同纠纷，某市管理执法局机械化清扫队作为被保险人依据保险合同约定向保险人主张向第三方垫付的款项符合法律规定，但该案的争议焦点是被保险人诉请其垫付的各项费用是否合法、合理，在未通知保险人的情形下是否可以重新认定。通过法理分析，原告主张的诉请属于公安交警办案机关在办案过程中支出的停放尸体的费用。该费用应当由办案机关负责承担。但是由于客观情况和各地实际办案程序不同，停尸费的承担主体也不同。回到本案，问题的关键在于交通事故中的死者身份情况不明，交警机关的办案时间会比普通案件长得多,并且无名死者没有继承人及时主张权利,所以关于停尸、丧葬相关的费用比普通交通事故案件中的费用要更高。

根据《最高人民法院关于审理道路交通事故损害赔偿案件适用法律若干问题的解释》第二十三条,侵权人以已向未经法律授权的机关或者有关组织支付死亡赔偿金为理由,请求保险公司在交强险责任限额范围内予以赔偿的,人民法院不予支持;被侵权人因道路交通事故死亡,无近亲属或者近亲属不明,支付被侵权人医疗费、丧葬费等合理费用的单位或者个人,请求保险公司在交强险责任限额范围内予以赔偿的,人民法院应予以支持。本案因近亲属不明,审理法院酌情认定停尸时间为60日,属于法院自由裁量,并且关于丧葬费的赔偿未超受诉法院所在地上一年度职工月平均工资标准六个月总额,因此法院的判决符合法律规定。

另外,关于本案交警部门事故基本事实无法查明,没有出具责任认定书。因为本案是在交强险限额内判决,根据司法实践,类似案件在法院审理过程中一般会以同责来平衡事故双方的责任,故一审法院认定保险公司在交强险有责范围内承担赔偿责任符合惯例。

**(二)货物运输预约保险协议是否为保险合同关系**

**案情简介**:保险公司与投保人某物流公司签订《国内货物运输预约保险协议书》,11月27日物流公司承运一批货物,当日4时57分在运输途中发生火灾致使货物全部毁损,当日8时34分该物流公司向案外人高某发送货运单,高某协助该物流公司通知了保险公司报案,保险公司拒付,投保人遂起诉。

**生效判决**:法院认为原告未按合同要求的方式进行申报,且申报时间在事故发生之后,对原告诉请不予支持。

**案件评析**：本案争议的焦点在于原告未按协议要求申报，保险公司是否应当承担保险责任。本案保险合同为预约保险协议，保险合同是否成立取决于投保人是否对具体每笔运输货物的申报以及保险人承保的书面确认。本案事故发生之后，某物流公司才向案外人发送货物清单和提出报案，没有按照《国内货物运输预约保险协议书》约定提前申报，不符合保险合同的射幸性特征，某物流公司与保险公司之间对于涉案事故货物的保险合同并未成立。某物流公司要求保险公司承担保险责任的诉讼请求没有事实和法律依据。

### （三）车上人员下车后能否转化为"第三者"

**案情简介**：被保险轻型栏式货车行驶至上坡路段，因车辆故障，驾驶员与乘员下车检修，车辆失控发生溜车，导致驾驶员死亡，乘员受伤。事故后，驾驶员家属向保险公司索赔，保险公司拒赔，驾驶员及乘员家属遂起诉。

**生效判决**：一审判决保险公司在交强险与第三者商业保险限额范围内赔偿原告，保险公司不服提起上诉。二审法院认定，被保险人同时作为驾驶员，其身份非交通事故中的第三者，不能成为此类侵权案件的受害人，根据免责条款，保险公司可以免赔，改判驳回被上诉人（原审原告）全部诉讼请求。

**案件评析**：本案争议焦点主要为受害人能否转化为"第三者"；保险公司免责条款是否有效；受害人对于事故的发生有无责任；事故的损失和赔偿责任由谁承担。关于车上人员能否转化为"第三者"的问题，此类问题在诉讼实务中争议较大，各地法院判决结果不一。机动车交通事故责任属于侵权责任纠纷的一种特定类型。存在侵权行为，才有侵权责任；有侵权责任，才有保险公司理赔义务。根据侵权法原理，"任何危险作业的直接操作者不能构成此类侵权的受害人。当他们因此受到损害时,应基于其他理由(如劳动安全)请求赔偿。"[1] 机动车驾驶人因其本人的行为,造成自己伤害,不可能成为其本人利益的侵权人,并对其自己的损害要求获得保险赔偿。因此,被保险人作为驾驶人时,不能纳入第三人的范围,驾驶人可以通过购买意外伤害险来承保自己遭受的损害。

**(四)不定值海上保险合同下如何认定保险价值**

**案情简介**:被保险人船东为其船舶投保,在保险期间内,因大副在船上使用电焊,火星引发舱内易燃物起火,导致船舶发生侧翻并沉没,大副无"电焊证",大副持有的适任证书为二级船副,适用船舶为长度小于 45 米的渔业船舶,本船长度为 70.87 米远洋渔船。事故后,船东委托公估公司出具公估报告,报告载明码头损失及救助费评估 60 万元,打捞费与探摸费 303 万元,事故船舶靠泊修理费为 10 万元,标的船舶保险价值为 3660 万元。为打捞船舶,船东支付打捞费 303 万元。后船东通知保险公司要求委付事故标的船舶,保险公司电子邮件答复认为船舶未达到推定全损,不接受委付,船东遂起诉。

**生效判决**:海事法院作出初审判决,判决保险公司向船东支付其损失 3199 万元及利息。宣判后,保险公司以船东对事故发生存在过错、案涉船舶不构成全损以及一审认定船舶保险价值错误为由,提起上诉,由省高级法院驳回上诉。保险公司遂向最高法院申请再审,最高法院裁定驳回再审申请。

**案件评析**:本案的争议焦点为:(1)保险公司应否承担保险责任;(2)涉案船舶的保险价值如何确定;(3)涉案船舶损失是否构成推定全损。

---

[1] 最高人民法院民事审判第一庭编著:《最高人民法院关于道路交通损害赔偿司法解释理解与适用》,人民法院出版社 2015 年版,第 225–227 页。

（1）本案事故是否属于保险合同除外责任

经查，双方均认可船舶发生火灾事故系大副在货舱擅自动用电焊所致。但大副的行为不是船东或其代表的行为，保险公司无法证明火灾损失与大副是否持有大副证书存在因果关系。涉案船舶一直在港口内进行检修，并未处于在航状态，不存在不适航情形。在船东投保时，保险公司未根据保险法第十七条第二款和保险法司法解释二第九条的规定，就除外责任或免责条款向船东进行明确说明，上述条款对船东不产生效力，保险公司应对涉案保险事故承担保险责任。

（2）涉案船舶保险价值应如何确定

在船东投保时，保险公司发给船东的函件中仅有"保额"的表述，并未有保险金额和保险价值。保险公司航保中心向船东出具的保险单仅载明保险金额为3000万元，保险价值一栏空白。保险公司作为专业的保险机构，理应知道约定保险标的保险价值的意义，并应对保险价值进行初步审核，对保险金额与保险价值作出专业判断并有权拒绝承保或降低保险金额。船舶保险价值的确定直接关系到保险公司是否进行比例赔付，保险公司未就函件中"保额"的含义向船东作出说明，未对保险单应当载明的合同必备要素进行审查，仅是按照3000万元的保险金额收取了保险费，在其不能证明船东存在故意不告知或隐瞒的情况下，单方将保险价值作有利于自己的解释，不能成立。

（3）涉案船舶损失是否符合推定全损

《中华人民共和国海商法》第二百四十六条规定："船舶发生保险事故后，认为实际全损已经不可避免，或者为避免发生实际全损所需支付的费用超过保险价值的，为推定全损。"本案中，经保险公司委托的颐某保险公估、事故船舶船东及其他相关单位共同讨论确定的山东某船厂关于事故船舶修理的最终报价为3150万元，已经高于涉案船舶投保时的保险价值3000万元。根据涉案船舶险条款2009版第十条第（二）款第3项的约定，在涉案船舶所需的修理费已经超过船舶的保险价值的情况下，船东对涉案船舶未实际进行修理，于2019年3月1日向保险公司发送电子邮件要求将事故船舶委付给保险公司。法院认定涉案船舶损失构成推定全损，符合法律规定和双方约定，并无不当。

**（五）责任保险中保险事故发生日的确定**

**案情简介**：2004年7月19日，田某某为其机动车（以下简称保险车辆）向保险公司投保了包括第三者责任险在内的保险险种，保险期限自2004年7月19日零时起自2005年7月18日二十四时止。

2004年10月25日，刘某某驾驶保险车辆在北京市朝阳区发生交通事故，致使第三者徐某某受伤，经公安机关交通管理机关认定，刘某某负事故全部责任。后徐某某将田某某诉至法院，2006年3月北京市朝阳区人民法院（以下简称朝阳法院）作出（2006）朝民初字第7056号民事判决书，判决田某某赔偿徐某某共计89349.14元。田某某不服一审判决，向北京市第二中级人民法院（以下简称二中院）提起上诉，2006年6月20日，二中院作出（2006）二中民终字第08300号民事判决，判决驳回上诉，维持原判。2011年6月8日，田某某经朝阳法院执行，向徐某某赔偿了75000元。2011年7月4日，田某某向北京市西城区人民法院起诉，请求依法判令保险公司给付田某某保险金50000元，诉讼费用由保险公司承担。保险公司答辩称，田某某于2004年7月19日投保，并且田某某经朝阳法院和二中院判决对第三者承担责任并于2006年已发生效力，现田某某起诉，已经超过诉讼时效，故不同意田某某的诉讼请求。

**生效判决**：北京市西城区人民法院于2011年11月8日作出（2011）

西民初字第 17254 号判决：认为《中华人民共和国保险法》第二十六条规定，人寿保险以外的其他保险的被保险人或者受益人，向保险人请求赔偿或者给付保险金的诉讼时效期间为二年，自其知道或者应当知道保险事故发生之日起计算。同时《中华人民共和国保险法》第六十五条第三款规定，责任保险的被保险人给第三者造成损害，被保险人未向该第三者赔偿的，保险人不得向被保险人赔偿保险金，故田某某如果要获得保险金，前提是其向第三人徐某某赔偿。即田某某只有在向徐某某赔偿后才可以向保险公司主张赔偿。鉴于保险法的规定，诉讼时效应从田某某向徐某某赔偿之日起算。田某某于 2011 年 6 月 8 日经朝阳法院执行，向徐某某赔偿了 75000 元。2011 年 7 月 4 日，田某某向北京市西城区人民法院起诉保险公司，其诉讼请求未超过诉讼时效。判决被告保险公司向原告田某某给付保险金四万元。驳回原告田某某的其他诉讼请求。宣判后，当事人均未提起上诉，本案一审判决生效。

**案件评析**：本案的争议焦点是田某某的诉讼请求是否超过诉讼时效。根据《中华人民共和国保险法》第二十六条的规定，人寿保险以外的其他保险的被保险人或者受益人，向保险人请求赔偿或者给付保险金的诉讼时效期间为二年，自其知道或者应当知道保险事故发生之日起计算。故保险事故的发生时间直接影响着诉讼时效的起算时间。在责任保险中如何认定保险事故的发生则有不同的认识，主要有以下四种观点：

第一种观点认为损害的事故发生时间就是责任保险事故的发生时间。根据该观点，本案中 2004 年 10 月 25 日为责任保险事故的发生日期。

第二种观点认为损害事故发生后，如果被保险人被依法确定承担赔偿责任，则此时责任保险事故发生。根据该观点，本案中 2006 年 6 月 20 日，即二中院的判决生效时间为责任事故发生日。第三种观点认为,第三人向被保险人请求赔偿时,认定责任保险事故的发生。根据该观点,本案中第三人徐某某向朝阳法院起诉田某某时就是责任保险事故的发生时间。第四种观点认为,被保险人向第三人履行赔偿义务的时间为责任保险事故发生的时间。根据该观点,本案中田某某经朝阳法院执行,向徐某某赔偿了75000元之时为责任保险事故的发生时间。

第一种观点缺陷在于交通事故发生时,被保险人是否就一定承担赔偿责任,尚未确定,此时认定责任保险事故发生,保险公司承担对被保险人的赔偿责任,为时尚早。第二种观点被保险人承担的对第三人的赔偿责任确定时,保险公司理应承担对被保险人的赔偿责任。但根据《中华人民共和国保险法》第六十五条第三款规定,"责任保险的被保险人给第三者造成损害,被保险人未向该第三者赔偿的,保险人不得向被保险人赔偿保险金",显然即便被保险人的赔偿责任确定了,在其没有向第三者赔偿的情况下,保险人可以拒绝理赔,此时起算诉讼时效,显然并不合理。对第三种观点而言,第三者向被保险人主张赔偿时,被保险人是否确实应当承担赔偿责任尚未确定,第三者也可能败诉而致使被保险人不承担责任,以此时间作为诉讼时效的起算点显然并不恰当。对第四种观点而言,根据上述《中华人民共和国保险法》第六十五条第三款规定,只有被保险人向第三者赔偿后,保险人才可以向被保险人赔偿保险金。即此时被保险人向保险人主张理赔才能得到实现,将此时间点作为被保险人向保险人主张给付保险金的诉讼时效起算点与现行法律相符合,法院亦采纳了该观点。

但也有例外的情形,即《中华人民共和国保险法》第六十五条第一款、第二款规定,"保险人对责任保险的被保险人给第三者造成的损害,可以依照法律的规定和合同的约定,直接向该第三者赔偿保险金。责任保险的被保险人给第三者制造成损害，被保险人对第三者应负的赔偿责任确定的，根据被保险人的请求，保险人应当直接向第三者赔偿保险金。被保险人怠于请求的，第三者有权就其应获赔偿部分直接向保险人请求赔偿保险金。"因此，依照法律规定和合同约定，保险人直接向第三者赔偿保险金的情形下，责任保险事故的发生时间为被保险人责任发生时。

## 二、人身保险法治典型案例

### （一）保险合同约定保证续保条款的性质认定

**案情简介**：2017年11月20日，李某为其女王某在保险公司投保了终身寿险，附加重大疾病保险及医疗保险A。其中，医疗保险保险期间和续保约定："本附加险的保险期间为一年。每一保险期间届满之前，若我们未收到您不再继续投保的书面通知，则视作您申请续保，我们将按照以下约定续保本附加险合同；自您首次投保本附加险合同的生效日起，或自您非连续投保本附加险合同的生效日起，每5年为一保证续保期间。在保证续保期间内每一保险期间届满时，我们按续保时年龄对应的费率收取保险费后本附加险合同将延续有效。每个保证续保期间届满时，我们会审核被保险人是否符合续保条件。如果我们审核同意续保，在此后一个保证续保期间内，您按时向我们支付续期保险费。"

2022年9月8日，保险公司向投保人李某出具的《核保意见通知函》载明："经审慎评估被保险人王某健康状况，对合同项下的医疗保险A拒绝续保，自2022年11月20日起生效。"

王某认为保险公司不予续保的决定违反保险合同约定，诉至法院，要求对医疗保险续保至被保险人终身。

**生效判决：** 一审判决认为案涉保险合同关于保证续保条款的约定，不当限制了投保人的权利，属于免责条款。保险公司未对该条款进行提示和说明，该条款不产生效力。判决保险公司自 2022 年 11 月 20 日起对合同项下的医疗保险 A 承保至被保险人终身。

二审法院撤销一审判决，驳回王某的诉讼请求。二审判决认为基于意思自治原则，保险公司在评估被保险人的身体状况后，作出不予续保的决定符合保险法规定的保险合同订立应当遵循公平互利、协商一致、自愿订立的基本原则。保险公司基于缔约自由有权拒绝续保。

**案例评析：** 首先，我国《民法典》将要约与承诺作为合同订立的基本方式。保险合同的订立亦遵循要约与承诺的订立方式。从案涉保险合同关于保证续保条款的约定看，投保人李某向保险公司申请投保，为要约；保险公司审核同意承保，为承诺。保险合同的保险期间为一年，一年期间届满后，在 5 年保证续保期间内，保险公司对于投保人投保要约，均按照合同约定同意续期承保，而不论被保险人是否符合承保条件。在保证续保期间届满后，对投保人李某续期投保申请，保险公司根据评估被保险人的身体健康条件，有同意承保的权利，也有不同意承保的权利。保险公司基于意思自治拒绝投保人李某的投保申请，属于保险公司正当行使自己缔约自由的权利。其次，保证续保条款属于合同的基本条款，不具有任何限制被保险人权利或减轻保险人责任的内容，相反，在每个为期 5 年的保证续保期间内，不论被保险人是否符合承保条件，对投保人的续期投保申请，保险公司均同意续期承保，属于有利于被保险人的约定，因此，上述条款并非免责条款。最后，营利性的商业保险不同于公益性的社会保险。其存在的价值在于，根据消费者的具体需求，提供不同类型、不同价位的补充保险产品，以满足多层次的风险分担要求，商业保险本身并不承托社会保险的任何职能。具体到本案，保险公司根据被保险人的身体健康状况有权决定是否承保，保险公司也不负有在任何情况下都必须承保的强制缔约义务。其应当有权根据本公司资金实力、承保能力等具体情况，对承保人群和承保条件进行设定。只要上述条款不违反法律、行政法规的强制性规定，就应当认可其效力。

**（二）出险后被保险人报案前，投保人解除合同是否可拒赔**

**案情简介**：2019年4月30日投保人为被保险人投保重疾险，投保单上写明二人为配偶关系（实际已离婚）。2022年4月24日被保险人确诊肿瘤，属于保险责任。5月7日，投保人申请解除合同，保险公司当日办理解除合同手续并退还保单现金价值。5月9日，被保险人申请理赔，保险公司以合同已解除为由拒赔，被保险人提起诉讼。

**生效判决**：一审法院认为，投保人与被保险人虽已离婚，但被保险人通过诉讼的方式请求支付保险金，可视为对保险合同的追认同意，可推定投保时保险利益的存在，故而，对解除合同前发生的保险事故，保险公司应当承担保险责任，判决支持原告的诉讼请求。保险公司不服上诉。

二审法院认为，被保险人享有的保险金请求权应以保险合同关系依法存续为前提，在行使其权利之前，投保人已经解除了案涉保险合同，直接导致原被保险人丧失了以被保险人身份主张保险金的权利，因此被保险人主张获得保险金的诉讼请求缺乏法律依据，故撤销一审判决，改判驳回原告的诉讼请求。

**案件评析**：本案争议焦点有二：一是投保时投保人对被保险人是否具有保险利益；二是合同解除后，保险公司对发生在保险合同期间内的保险事故是否需承担保险责任。

针对焦点一，一、二审法院均认为，即使订立保险合同之时投保人与被保险人二人已经离婚，但被保险人在事后明示表示同意，即推定订立保险合同时，投保人对被保险人具有保险利益，保险合同应为有效。

针对焦点二，一审、二审判决结果则存在较大差异。一审法院认为即使投保人于2022年5月7日申请解除保险合同，但被保险人于4月28日诊断出恶性肿瘤，合同解除前的保险费已经收取，故对于解除前发生的保险事故，保险公司应当承担保险责任。二审法院认为保险公司应当在保险合同的有效期内承担保险责任，且保险金请求权应以保险合同关系的存续为前提，在5月7日解除保险合同并退还现金价值后，被保险人的保险金请求权随之丧失，保险公司的保险赔付责任已经免除，故保险公司不应当承担保险责任。

本案中长期健康险作为持续性履行的合同，同样适用《民法典》中合同解除的法律后果。通常认为，保险合同（尤其是保障期限为长期的保险合同）为持续性履行性质的合同，即使解除，对于解除前的义务仍应履行。根据对法律规定及审判实务案例的检索，目前理论及实务界对该问题存在两种不同观点：

一种观点认为，保险公司应予赔付。理由是：《保险法》第二十六条规定："人寿保险的被保险人或者受益人请求给付保险金的诉讼时效期间是五年，自其知道或应当知道保险事故发生之日起计算。"因此，只要申请理赔在法律规定的五年时效期内提出，保险公司就应给付保险金，而且，本案尽管解除合同在先，申请赔付在后，但保险事故发生在保险合同终止之前，要求保险公司履行合同解除前的义务，即给付保险期内的保险金是公平合理的。

另一种观点认为，保险公司不予赔付。理由是：虽然保险事故发生在保险期内，但申请理赔的依据——保险合同因退保而解除，当事人的权利义务归于消灭,因而保险金请求权不复存在,故保险公司无需承担给付保险金的义务。

上述两种观点与本案中一二审法院所持观点一致。二审法院的改判说明,保险合同属于合同范畴,仍应适用于《民法典》合同编中的一般规定,在保险领域无特殊规定的情况下,适用一般规定也是符合法理的。由此可见,依据保险合同产生的相关权利义务均依附于合同关系的有效存续为前提,在合同解除的情况下,相关权利义务随之终止,故保险合同解除后,发生在保险合同期间的保险事故保险公司不承担保险责任。

（三）保险合同隐性免责条款的认定

**案情简介**：郝某1、王某、何某、郝某2诉称：郝父系何某之夫、郝某2之父以及郝某1、王某之子。2018年1月22日,郝父与保险公司在线订立电子保险合同,购买保险公司承保的《爱相随重疾轻症保险》,保险期间为1年,约定的重大疾病保险金额为40万元,合同于次日生效。2018年7月9日,郝父因"非霍奇金淋巴瘤"病故于民航总医院。何某于10日内向保险公司提出给付保险金申请并按照保险公司要求提供相应证明文件。2018年9月12日,保险公司出具《理赔决定通知书》拒绝理赔。四原告遂起诉要求：（1）判令保险公司赔偿保险金40万元、利息损失（自2018年9月12日起按照中国人民银行同期贷款基准利率标准计算至实际支付之日止）;（2）判令保险公司承担本案诉讼费用。

**保险公司辩称**：不同意四原告的诉讼请求。案涉保险合同于2018年1月22日签订,2018年1月23日生效。经调查,被保险人郝父于2018年4月10日因双侧腮腺区肿大三天,伴有间歇性发热一天到某医科大学第一医院门诊急诊治疗,后于4月17日、19日两次到该医院就诊。郝父 4 月 19 日的超声报告显示，其双侧颈部及下颚多发肿大淋巴结、腹腔多发肿大淋巴结。案涉保险合同约定的等待期为 90 日，于 2018 年 4 月 22 日（含当日）期满。根据被保险人的就诊情况，被保险人是在等待期内出现了重大疾病的相关症状，因此保险公司依据合同约定予以拒赔。

**生效判决：**北京市西城区人民法院于 2020 年 4 月 25 日作出（2019）京 0102 民初 5978 号民事判决，判决保险公司向四原告各赔偿 10 万元，共计 40 万元。保险公司不符上诉，北京市第二中级人民法院于 2020 年 9 月 3 日作出（2020）京 02 民终 7960 号民事判决：驳回上诉，维持原判。

**案件评析：**本案的争议焦点在于，保险事故发生时，合同约定的等待期是否已经届满，这涉及对保险条款释义项下 7.5 "初次发生"的解释与认定。

第一，保险条款中 2.4 保险责任 "被保险人初次发生（见 7.5）并被医院（见 7.6）的专科医生（见 7.7）确诊为本合同约定的重大疾病，我们按照……" 之约定，仅根据字面文义，一般人并无法对 "初次发生"得出明确的、符合通常理解且不存在歧义之理解与解释。具体到 7.5 条款 "初次发生指被保险人首次出现重大疾病的前兆或异常的身体状况，包括与重大疾病相关的症状及体征" 之释义，该释义亦属于概括性、兜底性的描述，对于何种症状、体征或须经何种途径确认该症状、体征与所患重大疾病相关均无明确的界定标准。根据一般生活经验，自然人的身体状况是一个复杂体系，任何人均可能在某一时间段出现某种异常状况，大部分疾病均可能存在一个或长或短的发展过程，如保险人根据该释义对被保险人的身体状况进行追溯，则将在很大程度上免除自身的保险责任，进行排除投保人、受益人或被保险人的权利。

第二，保险条款 2.4、7.5 均属于由保险公司提供的格式条款。根据《中华人民共和国保险法》第十七条之规定，订立保险合同，采用保险人提供的格式条款的，保险人向投保人提供的投保单应当附格式条款，保险人应当向投保人说明合同的内容。对保险合同中免除保险人责任的条款，保险人在订立合同时应当在投保单、保险单或者其他保险凭证上作出足以引起投保人注意的提示，并对该条款的内容以书面或者口头形式向投保人作出明确说明；未作提示或者明确说明的，该条款不产生效力。7.5 条款的释义对保险条款 2.4 保险责任条款进行了限缩性解释，故其虽然没有编排在条款的免责部分，但其内容实质上免除了保险人相应的责任，系隐性免除保险人责任的条款，同时在一定程度上排除了投保人、受益人或被保险人依法享有的权利。此外，案涉保险合同中 7.5 条款系一般字体显示，保险公司亦未有证据证明曾就该条款向郝父进行明确说明。故无论是从免责条款没有尽到明确说明义务层面，还是从《中华人民共和国保险法》第十九条规定的"提供格式条款一方免除其责任，加重对方责任、排除对方主要权利的，该条款无效"层面，该约定均不发生效力。

第三，本案中，根据双方提交的郝父在各医院的病历材料显示，虽然郝父在保险合同约定的等待期届满（即 2018 年 4 月 22 日）之前在医院进行过治疗，但均未确诊为案涉重大疾病"非霍奇金淋巴瘤"。庭审中，主张关于郝父确诊为"非霍奇金淋巴瘤"的时间，郝某 1、王某、何某、郝某 2 为 2018 年 5 月 14 日，保险公司主张为 2018 年 5 月 10 日，均在保险合同约定的等待期届满之后。

综上，法院认为保险条款 7.5 不发生效力。

**（四）体检报告是否能够认定投标人已知道其患有某种疾病**

**案情简介**：周某于 2014 年 2 月 25 日体检，体检结论显示：舒张压偏高（92mmHg），空腹血糖（GLU）偏高（7.85mmol/L）。2015年1月19日以周某名义在社区服务中心购买2盒非洛地平缓释片（该药用于治疗高血压），同日，周某的岳父在该社区卫生服务中心因高血压就诊，医生向其开具非洛地平缓释片2盒。2015年3月2日，周某向保险公司投保某康逸人生两全险和附加重疾险，约定投保人和被保险人为周某，保险合同生效日为2015年3月3日，保险金额为22万元，附加重疾险生效之日起180日后，经医院初次确诊非因意外伤害导致罹患该附加合同所定义的重大疾病（包含良性脑肿瘤），保险公司向周某给付重大疾病保险金22万元。保单列明的询问事项中，在是否患有、被怀疑患有或接受治疗过如高血压、糖尿病等栏中周某均选择"否"。周某在客户权益确认书中确认健康告知确实无误。2015年12月30日，周某因糖尿病住院治疗并发现存在脑膜瘤。入院记录中，周某主诉"发现血糖高1年余，下肢麻木1年"；从住院治疗期间的诊疗记载看，周某"1年前体检偶然发现血糖高，初病无明显口干、多饮、多尿、多食、消瘦症状，外院考虑2型糖尿病可能，但周某未予重视，平日饮食不控制，多甜食、油腻，不检测血糖；发现血压升高1年"。2016年2月29日，周某因脑膜瘤住院治疗，并于同年3月8日行神经导航下左颞开颅肿瘤切除术，并经病理诊断明确为"颞部非典型脑膜瘤（WHO Ⅱ级）"（保险公司认可该疾病属于良性脑膜瘤）。2016年3月30日，周某向保险公司申请理赔，保险公司作出理赔决定通知书，以周某投保时已患有糖尿病、高血压病，在投保时未履行如实告知义务，严重影响了保险公司的承保决定为由，解除保险合同并不承担保险责任。

**生效判决**：江苏省无锡市梁溪区人民法院于2016年12月12日作出（2016）苏0203民初2640号民事判决：保险公司应于本判决发

生法律效力之日起 10 日内赔偿周某保险金 22 万元。宣判后，双方当事人均未提出上诉，判决已发生法律效力。

**案件评析：**本案的争议焦点为，周某在投保时是否故意未如实告知保险公司自身患有糖尿病、高血压。

法院认为周某在投保时不存在故意未如实告知保险公司其患有糖尿病、高血压的事实。具体理由为：（1）周某投保前的体检报告上仅显示"舒张压偏高（92mmHg），空腹血糖（GLU）偏高（7.85mmol／L）"等，保险公司亦认可体检报告不能证明相关疾病的确诊，在医院并未确诊其患有高血压、糖尿病的情况下，周某作为一个普通人，并无法判断其是否已经罹患高血压、糖尿病；（2）2015 年 1 月 19 日，周某虽购买了 2 盒治疗高血压的药物，但自 2013 年起，周某也仅有一次配药记录，仅凭一次配药记录并不能证明周某即患有高血压病；（3）从其投保后治疗糖尿病期间的主诉可以看出，周某"1 年前体检偶然发现血糖高，初病无明显口感、多饮、多尿、多食、消瘦症状，医院考虑 2 型糖尿病可能，但周某未予重视，平日饮食不控制，多甜食、油腻，不检测血糖；发现血压升高 1 年"，由此可见，周某在 2015 年 12 月 30 日前，并不确认自己已经患有糖尿病、高血压；（4）申请理赔时，周某虽在出院记录中抹去了诊断为糖尿病、高血压的事实，但该行为仅是发生在理赔过程中，无法以此推定周某在投保时已经明知自身患有糖尿病、高血压。综上，结合体检报告、就诊记录、配药记录及糖尿病、脑膜瘤治疗病历，均无法证明周某在投保前已经明知自身患有糖尿病、高血压。故周某在未被确诊是否患有糖尿病、高血压的情形下，在投保时未告知是否患有、被怀疑患有或接受治疗过糖尿病、高血压病，不存在故意未告知已患糖尿病、高血压的事实。

依《中华人民共和国保险法》第十六条规定，投保人故意不履行如实告知义务的,保险人对于合同解除前发生的保险事故,不承担赔偿或者给付保险金的责任,并不退还保险费;投保人因重大过失未履行如实告知义务,对保险事故的发生有严重影响的,保险人对于合同解除前发生的保险事故,不承担赔偿或者给付保险金的责任,但应当退还保险费。投保人履行如实告知义务是保险法的最大诚信原则所要求的,因重大过失的行为人欠缺一般人所应有的最起码的注意,其漠不关心的态度已达到极致,从而与故意的心理状态在客观外在行为表现上的界线模糊。投保人故意还是重大过失未履行如实告知义务,是审判实践中的难点,也往往是案件的争议焦点,需要结合具体案件事实分析,通过投保人客观化的外在行为表现认定其主观心态。

**(五)两全保险中保险人代填投保书的法律后果**

**案情简介**:8月30日,投保人鲍某以自己为被保险人投保了两全保险(保险金额5万元)、附加重疾保险(保险金额3万元)、附加意外伤害保险(保险金额10万元)、附加意外伤害医疗保险(保险金额1万元)。次年8月26日,投保人家属报案称,投保人在家中楼上摔倒,经医院抢救,在家中死亡。8月31日,被保险人法定继承人向某保险公司申请理赔。某保险公司以投保人投保时未如实告知其长达20余年的饮酒史及"酒中毒致精神障碍"的既往病史为由拒赔。被保险人法定继承人不服,向法院提起诉讼。

**生效判决**:一审法院认为,鲍某是否患有"酒中毒致精神障碍"并未确诊,其摔伤住院治疗是否是其饮酒造成,某保险公司并未提供证据证实。某保险公司代理人也当庭承认投保书健康告知事项中"是"或"否"的选择不是由鲍某本人选择,而是由某保险公司工作人员代替鲍某所写,因此不能认定鲍某有隐瞒病史的故意。一审法院判决某保险公司于判决生效后十日内支付受益人保险理赔款5万元,意外伤害保险理赔款10万元，意外伤害医疗保险理赔款3446.01元。二审法院认为一审法院认定事实清楚，适用法律正确，因此维持原判。

**案件评析：**保险合同属于格式合同，根据《保险法》第十七条，保险人应履行明确说明义务，即保险人应当向投保人说明合同的内容；对保险合同中免除保险人责任的条款，保险人在订立合同时应当在投保单、保险单或者其他保险凭证上作出足以引起投保人注意的提示，并对该条款的内容以书面或者口头形式向投保人作出明确说明。在本案中，对被保险人鲍某的身体健康状况，某保险公司必须向投保人询问，但被告保险代理人在投保人投保时，仅要求其在空白投保书中签名，而由保险代理人事后对投保书各项内容进行填写。因此法院认为投保人未履行如实告知义务的理由不成立，保险公司应承担给付责任。

**（六）两全保险中保险人未及时履行保险合同解除权的法律后果**

**案情简介：**投保人王某于2011年12月8日在某保险公司投保一款两全保险，保额为8万元，王某本人为被保险人。2013年3月14日，王某因急性上呼吸道出血在家中死亡，王某之女王甲于2013年4月16日提出理赔申请。某保险公司理赔人员于2013年4月1日在当地医院调取了王某2007年12月住院病历一份，显示其住院诊断为肋骨骨折，辅助治疗检查有医生诊断为2型糖尿病，因此认为王某投保时存在不如实告知情形。经询问该份保单的保险代理人（与投保人系姐弟关系），其称在王某投保时已知道王某患有2型糖尿病，但认为不足以影响保单承保故未在健康告知中进行标注。某保险公司于2013年5月13日向王甲方发送《理赔决定通知书》，作出拒绝理赔并解除合同不退还保费的决定。2013年6月15日王甲向法院起诉，要求赔偿身故保险金8万元及其他费用0.5万元。

**生效判决：**法院认为，保险代理人在订立合同时已经知道投保人未如实告知而继续与之订立合同,为其投保并收取保费,应视为保险人在订立合同时已经知道投保人未如实告知而继续与之订立合同。另在投保人王某死亡后,2013年4月1日,保险公司调阅了王某于2007年12月间在辽源市中心医院住院治疗的病案,该病案记载了投保人王某曾有20年吸烟史以及患有糖尿病等病史。至此保险公司已经知道其与投保人王某签订的该款两全保险合同具备解除事由,但保险公司未在合同约定的三十日内及保险法规定的时间内行使合同解除权。法院最终判决如下:被告某保险公司给付原告王甲保险金8万元,驳回原告的其他诉讼请求。

**案件评析:** 本案中,投保人在签订保险合同前,保险人的代理人已明知其患有糖尿病,仍同意与其签订保险合同并收取保费。根据《保险法》第一百二十七条关于"保险代理人根据保险人的授权代为办理保险业务的行为,由保险人承担责任"之规定,应视为保险人在合同订立时已知投保人未如实告知,仍然收取保险费,即同意了依照该保险合同约定履行,可视为其放弃了解除权,保险人无权解除保险合同。同时,本案中的保险人在已知具备解除事由之日起三十日内,并未行使解除权,其《理赔决定通知书》送达日期已超过了法律及合同约定的解除权时间限制,根据《保险法》第十六条第三款及第六款之规定,保险人应当承担赔偿或给付保险金的责任。[①]

---

[①] 中国保险行业协会编:《保险诉讼典型案例年度报告》(第六辑),法律出版社2014年版,第125–132页。

# 附录 中国保险法治大事记

·1949年9月17日，中国人民银行总行向政务院请求核准设立中国人民保险公司。

·1949年9月25日至10月6日，中国人民银行总行在北京组织召开第一次全国保险工作会议。会议通过了《中国人民保险公司条例草案》和《中国人民保险公司组织规程草案》。

·1949年10月20日，中国人民保险公司在北京成立。

·1949年，东北财政经济委员会制定《公营企业投保火险简略办法》、上海市制定《统一火险费率实施办法》。

·1951年4月24日，政务院财政经济委员会发布《关于颁布财产强制保险等条例的命令》，公布施行《财产强制保险条例》《船舶强制保险条例》《铁路车辆强制保险条例》《轮船旅客意外伤害强制保险条例》《铁路旅客意外伤害强制保险条例》和《飞机旅客意外伤害保险强制条例》。

·1957年4月6日，财政部发布《公民财产自愿保险办法》。

·1980年，国家决定重新启动国内保险行业，并将保险法制定纳入重要议程。中国人民保险公司恢复财产保险业务。

·1981年12月13日，中华人民共和国第五届全国人民代表大会第四次会议通过《中华人民共和国经济合同法》，对财产保险合同作出原则性规定。该法于1993年9月2日修正。1999年10月1日，《中华人民共和国合同法》施行，《中华人民共和国经济合同法》同时废止。

·1985 年 3 月 3 日，国务院颁布《保险企业管理暂行条例》。

·1988 年 3 月 24 日，最高人民法院公布《关于保险金能否作为被保险人遗产的批复》（2021 年 1 月 1 日起废止）。

·1989 年 5 月 30 日，最高人民法院公布《关于保险货物发生损失引起运输合同赔偿纠纷如何适用法律问题的批复》（2002 年 5 月 29 日起废止）。

·1991 年 10 月 17 日，中国人民银行成立"保险法起草小组"，由秦道夫担任组长，李嘉华、王恩韶担任副组长，制定中国保险法草案。

·1992 年 4 月 2 日，最高人民法院公布《关于财产保险单能否用于抵押的复函》。

·1992 年 11 月 7 日，第七届全国人民代表大会常务委员会第二十八次会议通过了《中华人民共和国海商法》。

·1993 年 12 月 25 日，国务院公布《关于金融体制改革的决定》，明确保险体制改革要坚持社会保险与商业保险分开经营的原则，坚持政企分开。

·1995 年 6 月 30 日，第八届全国人民代表大会常务委员会第十四次会议审议通过了《中华人民共和国保险法》，同年 10 月 1 日起施行。该法于 2002 年 10 月 28 日第一次修正、2009 年 2 月 28 日修订、2014 年 8 月 31 日第二次修正、2015 年 4 月 24 日第三次修正。

·1995 年 7 月，中国人民银行成立了保险司，负责保险业的监管。

·1996 年 11 月 22 日，最高人民法院公布《关于实行社会保险的企业破产后各种社会保险统筹费用应缴纳至何时问题的批复》。

·1998 年 11 月 18 日，根据《中共中央、国务院关于深化金融改革、整顿金融秩序、防范金融风险的通知》和《国务院关于成立中国保险监督管理委员会的通知》，中国保险监督管理委员会成立。

·2000年1月13日，中国保险监督管理委员会公布《保险公司管理规定》。该规定于2004年3月15日第一次修订、于2009年9月25日第二次修订、于2015年10月19日第三次修订。

·2001年12月12日，国务院公布《中华人民共和国外资保险公司管理条例》。该条例于2013年5月30日第一次修订、2016年2月6日第二次修订、2019年9月30日第三次修订。

·2002年9月17日，中国保险监督管理委员会发布《再保险公司设立规定》。

·2003年3月24日，中国保险监督管理委员会发布《保险公司偿付能力额度及监管指标管理规定》。2008年9月1日，《保险公司偿付能力管理规定》开始施行，《保险公司偿付能力额度及监管指标管理规定》同时废止。

·2004年4月21日，中国保险监督管理委员会公布《保险资产管理公司管理暂行规定》。2014年4月7日，中国保险监督管理委员会发布关于调整《保险资产管理公司管理暂行规定》有关规定的通知。2022年9月1日，《保险资产管理公司管理规定》开始施行，《保险资产管理公司管理暂行规定》《关于调整〈保险资产管理公司管理暂行规定〉有关规定的通知》《关于保险资产管理公司有关事项的通知》同时废止。

·2004年5月13日，中国保险监督管理委员会公布《外资保险公司管理条例实施细则》。该细则于2010年12月3日修正、2018年2月13日修正、2019年11月29日修订、2021年3月10日修正。

·2004年6月30日，中国保险监督管理委员会公布《人身保险产品审批和备案管理办法》。《保险公司总精算师管理办法》于2008

年1月1日起施行，《人身保险产品审批和备案管理办法》不再施行。

·2004年12月30日，中国保险监督管理委员会公布《保险保障基金管理办法》。

·2005年10月14日，中国保险监督管理委员会公布《再保险业务管理规定》。该规定于2010年5月21日修订、2015年10月19日修订、2021年7月21日修订。

·2006年3月21日，国务院公布《机动车交通事故责任强制保险条例》。该条例于2012年3月30日第一次修订，2012年12月17日第二次修订，2016年2月6日第三次修订，2019年3月2日第四次修订。

·2006年4月6日，中国保险监督管理委员会公布《保险营销员管理规定》。2013年7月1日，《保险销售从业人员监管办法》开始施行，《保险营销员管理规定》同时废止。

·2006年6月15日，国务院发布了《关于保险业改革发展的若干意见》。

·2006年8月7日，中国保险监督管理委员会公布《健康保险管理办法》。该办法于2019年10月31日修订。

·2006年11月23日，最高人民法院公布《关于审理海上保险纠纷案件若干问题的规定》。该规定于2020年12月23日修正。

·2007年11月2日，中国保险监督管理委员会公布《保险公司养老保险业务管理办法》。该办法于2010年12月3日修订。

·2008年7月10日，中国保险监督管理委员会公布《保险公司偿付能力管理规定》。该规定于2021年1月15日修订。

·2008年9月11日，中国保险监督管理委员会、财政部、中国人民银行联合公布施行《保险保障基金管理办法》，《保险保障基金管理办法》（保监会令〔2004〕16号）同时废止。

·2009年9月21日，最高人民法院公布《关于适用〈中华人民共和国保险法〉若干问题的解释（一）》。

·2009年9月25日，中国保险监督管理委员会公布《人身保险新型产品信息披露管理办法》。2001年发布的《人身保险新型产品信息披露管理暂行办法》废止。

·2010年2月5日，中国保险监督管理委员会公布《财产保险公司保险条款和保险费率管理办法》。2005年发布的《财产保险公司保险条款和保险费率管理办法》同时废止。

·2010年2月21日，中国保险监督管理委员会公布《人身保险业务基本服务规定》。

·2010年4月1日，中国保险监督管理委员会发布《保险公司董事、监事和高级管理人员任职资格管理规定》。该规定于2014年1月23日修订、2018年2月13日修订、2021年6月3日修订。

·2010年5月21日，中国保险监督管理委员会公布《再保险业务管理规定》。该规定于2015年10月19日修订、2021年7月21日修订。

·2011年12月30日，中国保险监督管理委员会发布《人身保险公司保险条款和保险费率管理办法》。该办法于2015年10月19日修订。

·2012年12月18日，最高人民法院、中国保险监督管理委员会发布《关于在全国部分地区开展建立保险纠纷诉讼与调整对接机制试点工作的通知》。

·2013年5月2日，最高人民法院公布《关于审理出口信用保险合同纠纷案件适用相关法律的批复》。

·2013年5月31日，最高人民法院公布《关于适用〈中华人民共和国保险法〉若干问题的解释（二）》，2020年12月23日作了修正。

·2013年6月5日，中国保险监督管理委员会公布《保险消费投诉处理管理办法》。2020年3月1日，《银行保险违法行为举报处理办法》开始施行，《保险违法行为举报处理工作办法》和《保险消费投诉处理管理办法》同时废止。

·2013年6月7日，最高人民法院公布三起保险合同纠纷典型案例：（1）王某诉某人寿保险股份有限公司人身保险合同纠纷案；（2）田某、冉某诉某保险公司人身保险合同纠纷案；（3）吴某诉某保险公司财产保险合同纠纷案。

·2014年8月10日，国务院发布《关于加快发展现代保险服务业的若干意见》。

·2014年12月25日，最高人民法院公布《关于海上保险合同的保险人行使代为请求赔偿权利的诉讼时效期间起算日的批复》。

·2014年12月31日，中国保险监督管理委员会公布《关于侵害保险消费者合法权益典型案例的通报》，对5起侵害保险消费者合法权益典型案例予以通报。

·2015年7月22日，中国保险监督管理委员会发布《互联网保险业务监管暂行办法》。

·2015年10月29日，中国保险监督管理委员会公布《关于损害保险消费者合法权益典型案例的通报》，对2015年保监会查处的4起保险经营机构侵害消费者合法权益典型案例予以通报。

·2015年11月25日，最高人民法院公布《关于适用〈中华人民共和国保险法〉若干问题的解释（三）》，2020年12月29日作了修正。

·2016年3月21日，中国保险监督管理委员会通报2015年"亮剑行动"中查处的5起典型案例：（1）中国太平洋人寿保险股份有限公司及其上海、武汉、西安等三家电销中心电话销售损害消费者合法权益；（2）中国大地财产保险股份有限公司电话销售损害消费者合法权益；（3）中国平安人寿保险股份有限公司西安电销中心电话销售损害消费者合法权益；（4）阳光人寿保险股份有限公司安徽淮南中心支公司利用产品说明会虚假宣传；（5）泰康人寿保险股份有限公司黑龙江分公司银保客户经理利用虚假电话回访欺骗消费者。

·2016年11月4日，最高人民法院、中国保险监督管理委员会发布《关于全面推进保险纠纷诉讼与调解对接机制建设的意见》。

·2017年3月29日，中国保险监督管理委员会通报2016年"亮剑行动"查处的5起典型案例：（1）中国人民财产保险股份有限公司部分地区互联网保险业务不单独承保交强险；（2）太平财产保险有限公司部分客户信息记录不真实；（3）阳光人寿保险股份有限公司成都电话销售中心在电话销售中欺骗投保人、隐瞒与保险合同有关的重要情况；（4）保险代理机构未经消费者同意擅自退保；（5）中国邮政储蓄银行股份有限公司汝南县三桥乡支行损害消费者合法权益。

·2017年6月29日，国务院办公厅发布《关于加快发展商业养老保险的若干意见》。

·2018年1月17日，中国保险监督管理委员会公布《保险经纪人监管规定》。

·2018年1月17日，中国保险监督管理委员会公布《保险公估人监管规定》。

·2018年1月24日，中国保险监督管理委员会公布《保险资金运用管理办法》。2010年发布的《保险资金运用管理暂行办法》同时废止。

· 2018 年 2 月 7 日，中国保险监督管理委员会公布《保险公司股权管理办法》。2010 年发布的《保险公司股权管理办法》、2013 年发布的《关于规范有限合伙式股权投资企业投资入股保险公司有关问题的通知》、2014 年发布的《关于印发〈保险公司收购合并管理办法〉的通知》同时废止。

· 2018 年 4 月 8 日，中国银行保险监督管理委员会成立。

· 2018 年 7 月 31 日，最高人民法院公布《关于适用〈中华人民共和国保险法〉若干问题的解释（四）》，2020 年 12 月 29 日作了修正。

· 2019 年 10 月 31 日，中国银行保险监督管理委员会通过《健康保险管理办法》。

· 2019 年 11 月 19 日，最高人民法院、中国人民银行、中国银行保险监督管理委员会印发《关于全面推进金融纠纷多元化解机制建设的意见》的通知。

· 2020 年 1 月 14 日，中国银行保险监督管理委员会通过《银行业保险业消费投诉处理管理办法》。

· 2020 年 5 月 8 日，中国银行保险监督管理委员会通过《信用保险和保证保险业务监管办法》。该办法于 2021 年 6 月 21 日修改。

· 2020 年 11 月 12 日，中国银行保险监督管理委员会通过《保险代理人监管规定》。

· 2020 年 12 月 7 日，中国银行保险监督管理委员会通过《互联网保险业务监管办法》。该办法自 2021 年 2 月 1 日起施行，《互联网保险业务监管暂行办法》（保监发〔2015〕69 号）同时废止。

· 2020 年 12 月 29 日，最高人民法院公布《关于审理海上保险纠纷案件若干问题的规定（2020 修正）》。

· 2021 年 1 月 15 日，中国银行保险监督管理委员会公布《保险公司偿付能力管理规定（2021修订）》。

· 2021年5月20日，中国银行保险监督管理委员会通过《保险公司非寿险业务准备金管理办法》。该办法自2021年12月1日起施行，《保险公司非寿险业务准备金管理办法（试行）》（中国保险监督管理委员会令2004年第13号）同时废止。

· 2021年7月3日，《保险公司董事、监事和高级管理人员任职资格管理规定》施行，《保险公司董事、监事和高级管理人员任职资格管理规定》（保监会令〔2010〕2号，根据保监会令〔2014〕1号第1次修改，根据保监会令〔2018〕4号第2次修改）和《保险机构董事、监事和高级管理人员任职资格考试管理暂行办法》（保监发〔2016〕6号）同时废止。

· 2021年7月21日，中国银行保险监督管理委员会公布《再保险业务管理规定（2021修订）》。

· 2021年8月16日，中国银行保险监督管理委员会公布《财产保险公司保险条款和保险费率管理办法（2021）》。该办法自2021年10月1日起施行，《财产保险公司保险条款和保险费率管理办法》（中国保险监督管理委员会令2010年第3号）同时废止。

· 2021年11月24日，中国银行保险监督管理委员会公布《保险集团公司监督管理办法》。

· 2022年1月16日，中国银行保险监督管理委员会公布《保险公司非现场监管暂行办法》。

· 2022年10月26日，中国银行保险监督管理委员会、中华人民共和国财政部、中国人民银行共同修订《保险保障基金管理办法》。该办法自2022年12月12日起施行，《保险保障基金管理办法》（中国保险监督管理委员会令2008年第2号）同时废止。

·2022 年 11 月 11 日，中国银行保险监督管理委员会公布《人身保险产品信息披露管理办法》。

·2022 年 12 月 12 日，中国银行保险监督管理委员会通过《银行保险机构消费者权益保护管理办法》。

·2022 年 12 月 25 日，中国银行保险监督管理委员会公布《银行保险监管统计管理办法》。

·2023 年 1 月 12 日，国家知识产权局办公室、中国银保监会办公厅、国家发展和改革委员会办公厅公布《关于发布首批知识产权质押融资及保险典型案例的通知》，发布了 20 起知识产权质押融资及保险典型案例。

·2023 年 5 月 18 日，国家金融监督管理总局正式挂牌成立。

·2023 年 9 月 20 日，国家金融监督管理总局公布《保险销售行为管理办法》。

·2023 年 11 月 25 日，国家金融监督管理总局发布《养老保险公司监督管理暂行办法》。

·2024 年 3 月 18 日，国家金融监督管理总局发布《人身保险公司监管评级办法》。

# 后 记

本报告由湖北省法学会保险法学研究会组织有关专家学者编写。周甲禄会长负责报告的整体设计和各章节提纲拟定；副会长、华中师范大学法学院副院长文杰教授负责组织专家学者撰稿。武汉大学温世扬教授、武亦文教授帮助审订了写作提纲；副会长侯伟博士提出本报告编撰动议并参与了提纲审订讨论；沈翀博士参与了前期策划并审校了部分章节；副会长周强给本报告撰写出版提供了有力支持；副会长兼秘书长何韵铭参与了提纲审订讨论和沟通协调工作。第一章由王冠华撰写；第二章由周志撰写；第三章由侯伟、杨国峰撰写；第四章由刘宇星、文杰撰写；第五章由张晓萌撰写；第六章由黎珞撰写；第七章由赵华华、王卫、文杰撰写；第八章由姜国斌、葛慧君、占舒撰写；附录由江楠撰写。本报告最后由周甲禄、文杰统稿。

衷心感谢湖北省法学会、湖北省高级人民法院、武汉海事法院、武汉大学法学院、中南财经政法大学保险法研究所、华中师范大学法学院、湖北省保险行业协会、中国人民财产保险股份有限公司湖北省分公司、中国人寿保险股份有限公司湖北省分公司、新华网股份有限公司湖北分公司等单位的大力支持！感谢长江出版社赵冕社长、冯曼编辑高效率高质量的工作使本报告得以及时出版。

由于编写时间紧张、任务繁重，加之编者水平有限，本报告难免存在不妥当之处，恳请广大同仁和读者批评指正！

图书在版编目（CIP）数据

中国保险法治发展报告 / 周甲禄，文杰主编．
武汉：长江出版社，2024.12． -- ISBN 978-7-5492-9899-0
Ⅰ．D922.284.4
中国国家版本馆 CIP 数据核字第 2024KQ5609 号

中国保险法治发展报告
ZHONGGUOBAOXIANFAZHIFAZHANBAOGAO
周甲禄 文杰 主编

| 责任编辑： | 冯曼 |
|---|---|
| 装帧设计： | 刘斯佳 |
| 出版发行： | 长江出版社 |
| 地 址： | 武汉市江岸区解放大道 1863 号 |
| 邮 编： | 430010 |
| 网 址： | https://www.cjpress.cn |
| 电 话： | 027-82926557（总编室） |
| | 027-82926806（市场营销部） |
| 经 销： | 各地新华书店 |
| 印 刷： | 湖北金港彩印有限公司 |
| 规 格： | 787mm×1092mm |
| 开 本： | 16 |
| 印 张： | 13 |
| 字 数： | 160 千字 |
| 版 次： | 2024 年 12 月第 1 版 |
| 印 次： | 2024 年 12 月第 1 次 |
| 书 号： | ISBN 978-7-5492-9899-0 |
| 定 价： | 86.00 元 |

（版权所有　翻版必究　印装有误　负责调换）